reinhardt

Karsten Krauskopf • Franziska Rogge •
Karin Salzberg-Ludwig • Michel Knigge

Förderplanung im Team für die Sekundarstufe (FiT-S)

Anleitung für die effiziente Planungssitzung

Mit 10 Abbildungen

Mit 4 Kopiervorlagen als Online-Zusatzmaterial

Ernst Reinhardt Verlag München

Die AutorInnen lehren und forschen am Lehrstuhl Inklusion und Organisationsentwicklung an der Universität Potsdam.
Karsten Krauskopf, Dr. rer. nat., Dipl. Psych., Psychodrama-Therapeut (DAGG, DFP, FEPTO), wiss. Mitarbeiter.
Franziska Rogge, M. A. Erziehungswissenschaft, B. A. Soziologie, wiss. Mitarbeiterin.
Karin Salzberg-Ludwig, apl. Prof., Dr. habil., Dr. phil., Sonderpädagogin.
Michel Knigge, Prof., Dr. phil., Dipl. Psych.

Für die Durchführung von FiT-S außerdem lieferbar:
Karsten Krauskopf / Franziska Rogge / Karin Salzberg-Ludwig / Michel Knigge: Förderplanung im Team für die Sekundarstufe (FiT-S). 55 Planungskarten (Farbige Karten in 2 Formaten; ISBN: 978-3-497-02892-4)

Bibliografische Information der Deutschen Nationalbibliothek

Die Deutsche Nationalbibliothek verzeichnet diese Publikation in der Deutschen Nationalbibliografie; detaillierte bibliografische Daten sind im Internet über <http://dnb.d-nb.de> abrufbar.
ISBN 978-3-497-02889-4 (Print)
ISBN 978-3-497-61242-0 (PDF-E-Book)
ISBN 978-3-497-61243-7 (EPUB)

Printed in EU
Cover unter Verwendung eines Fotos von © iStock.com/marrio31
Satz: JÖRG KALIES – Satz, Layout, Grafik & Druck, Unterumbach

Ernst Reinhardt Verlag, Kemnatenstr. 46, D-80639 München
Net: www.reinhardt-verlag.de E-Mail: info@reinhardt-verlag.de

Inhalt

Kopiervorlagen zum Download
Die im Buch erwähnten Kopiervorlagen 1–4 können LeserInnen dieses Buchs auf der Homepage des Ernst Reinhardt Verlags herunterladen: www.reinhardt-verlag.de.

Für die Durchführung von FiT-S außerdem lieferbar:
Karsten Krauskopf/Franziska Rogge/Karin Salzberg-Ludwig/Michel Knigge: Förderplanung im Team für die Sekundarstufe (FiT-S). 55 Planungskarten (Farbige Karten in 2 Formaten; ISBN: 978-3-497-02892-4)

Vorwort

Bereits zu Beginn des 20. Jahrhunderts forderten Reformpädagoginnen und -pädagogen eine Schule für alle, die sich an den Bedürfnissen jedes einzelnen Kindes orientiert, in der lebensnah unterrichtet wird und welche die Schülerinnen und Schüler darin unterstützt, sich zu gesunden und sozial kompetenten Persönlichkeiten zu entwickeln. Im Mittelpunkt dieser Ideen steht die Akzeptanz und Würdigung der Einzigartigkeit jedes Individuums sowie eine Abkehr von der Annahme, Lernende könnten nur in – vermeintlich – homogenen Gruppen sinnvoll gefördert werden. Entsprechend ist die Abschaffung von Ausgrenzung und Selektion in der schulischen Bildung keine neue Forderung. Aber jetzt im 21. Jahrhundert wird diese Idee an den allgemeinbildenden Schulen in Deutschland und in vielen Ländern der Welt konsequenter denn je verfolgt. Unabhängig von ihren individuellen Lernvoraussetzungen sollen immer mehr Schülerinnen und Schüler gemeinsam in einer Schule unterrichtet werden dürfen. Dies ermöglicht unter anderem eine wohnortnahe Beschulung und stärkt die Teilhabemöglichkeiten für alle Menschen. Gleichzeitig können Diskriminierungen, von denen beispielsweise Menschen mit Behinderungen auf vielen Ebenen betroffen sein können, abgebaut werden. Die Heterogenität in den Schulklassen nimmt dadurch weiter zu. So darf die – auch vor diesen Entwicklungen – fragwürdige Glaubenssatzkombination, es könne wirklich homogene Lerngruppen geben und nur in diesen könne erfolgreich gelernt werden, nun endgültig aufgegeben werden. Die differenzielle Berücksichtigung der individuellen Lernausgangslagen spielt zunehmend eine übergeordnete Rolle. Hierin liegt eine große Möglichkeit, sich vom angeblichen Zwang zur Selektion in der Schule zu emanzipieren.

Diese – kaum genug wertzuschätzende – Chance bringt auch Verunsicherung mit sich. Selbst Lehrkräfte, die eine selektionsfreie Schule als Ort des Lernens und Zusammenlebens für alle befürworten, blicken mit Respekt und auch Sorge auf die ungewohnten Anforderungen sowie Herausforderungen, die mit der konkreten Umsetzung stärker individualisierter Lernumgebungen einhergehen. Es geht darum, Inhalte des Unterrichts didaktisch so aufzubereiten, dass der hochbegabte Schüler ebenso sinnerfüllt lernen kann wie das Kind, das erst dabei ist, die deutsche Sprache zu erlernen, oder jenes, dessen Fachkompetenzen weit entfernt vom durchschnittlichen Wissensstand der Klasse oder sogar des Rahmenlehrplans stehen.

Sicher ist, dass solch ein Unterfangen in der Zusammenarbeit von mehreren Kolleginnen und Kollegen mit verschiedenen professionellen Hintergründen deutlich bessere Chancen hat, erfolgreich zu sein. Doch stellt auch die Zusammenarbeit selbst in einer solchen komplexen Frage keinen Selbstläufer dar. Sie ist vielmehr eine eigene Herausforderung. Ansätze, die Struktur bieten und helfen, die zunächst überkomplex erscheinende Aufgabe zu reduzieren, können dabei unterstützen. Es ist hilfreich, viele Perspektiven und Kompetenzen einzubeziehen und Raum für soziale Unterstützungsprozesse zu schaffen.

FiT-S (Förderplanung im Team für die Sekundarstufe) ist ein einfach zu handhabendes Instrument, das genau das ermöglicht. In einer effizienten, aber dennoch in Bezug auf den Forschungsstand gut fundierten Vorgehensweise wird ein strukturierter Prozess im Team möglich, um differenzielle Lernausgangslagen einzelner Schülerinnen und Schüler zu erfassen und auf dieser Basis konkrete Förderziele und entsprechende Maßnahmen zu entwickeln. Dieser Prozess kann in einer Doppelstunde (90 Minuten) beziehungsweise in einer Kurzform auch in einer Schulstunde (45 Minuten) pro Zielperson durchgeführt werden. Die Arbeit mit FiT-S ermöglicht also ein im Team abgestimmtes und fundiertes Vorgehen und verdeutlicht Problembereiche ebenso wie die Stärken der Schülerinnen und Schüler. Daraus resultiert ein gemeinsames, besseres Verständnis der Gesamtsituation, in der sich Lernende befinden.

Die Feststellung von individuellen Lernausgangslagen von Schülerinnen und Schülern ist ein zentraler Baustein, um den Mythos einer angeblichen Homogenität von Lernenden zu überwinden. So wie in den Grundschulen schon häufig gelebt, ist es auch in der Sekundarstufe unabdingbar, dass sich Lehrerteams bilden, die gemeinsam die Förderung und Unterstützung ihrer Schülerinnen und Schüler planen und umsetzen. Neben Wissen stehen dabei soziale und handlungssteuernde Kompetenzen im Fokus der Aufmerksamkeit. Für die Unterstützung von Lernenden in der Primarstufe stehen zahlreiche Konzepte zur individuellen Diagnostik und Förderung im schulischen Kontext zur Verfügung. Besonders erwähnen möchten wir das von Gerald Matthes an der Universität Potsdam entwickelte Konzept zur Diagnostik und Förderung, das die Idee in den Mittelpunkt stellt, zu erforschen, warum die Lernenden ihre inneren Kräfte nicht hinreichend entfalten und wie eine für sie positive Lernsituation geschaffen werden kann. Dieser Ansatz wurde von uns für den Sekundarstufenbereich aufgegriffen und in dem Konzept FiT-S weiterentwickelt. Handlungskompetenzen entstehen erst, wenn wir wissen, welche Kompetenzen und Fähigkeiten bei den Schülerinnen und Schülern schon entwickelt sind und wie diese weiter ausgebaut werden können. Wir möchten mit FiT-S Lehrkräfte darin unterstützen, die Lernausgangslagen ihrer Schülerinnen und Schüler nicht isoliert, sondern in ihren Wirkzusammenhängen besser zu verstehen und so passgenaue und umsetzbare Ziele und Maßnahmen abzuleiten, die die Situation für alle Akteure in der Schule verbessern können.

Zusätzlich zu diesem Manual sind für die Durchführung von FiT-S 55 Planungskarten (Analysekarten und Strukturkarten) erforderlich, die als eigenes Produkt erworben werden können.

Im vorliegenden Manual, das die Analysekarten, Strukturkarten und Dokumentationsbögen (Kopiervorlagen im Online-Zusatzmaterial zu diesem Buch) begleitet, haben wir uns dafür entschieden, abwechselnd von der Schülerin oder dem Schüler zu sprechen. Da beim Lesen Bilder von möglichen Schülerinnen oder Schülern entstehen, ist es uns wichtig, dass wir die Leserinnen und Leser dafür sensibilisieren, dass alle Lernenden gleichermaßen individuell in ihrem Lern- und Arbeitsverhalten verstanden werden können. Wir möchten dazu ermuntern, nicht der Versuchung zu erliegen, „Abkürzungen" über vermeintliche Geschlechterunterschiede zu nehmen, also bei Mädchen zum Beispiel grundsätzlich bessere Lesekompetenzen und bei Jungen auffälliges Verhalten anzunehmen.

Das diesem Manual zugrundeliegende Vorhaben wurde im Rahmen der gemeinsamen „Qualitätsoffensive Lehrerbildung" von Bund und Ländern mit Mitteln des Bundesministeriums für Bildung und Forschung unter dem Förderkennzeichen 01JA1516 gefördert. Die Verantwortung für den Inhalt dieser Veröffentlichung liegt bei den Autoren.

Wie nutze ich dieses Buch?

Eilige, die bereits einen konkreten Schüler im Blick haben, können direkt zu Kapitel 4 „FiT-S – Wir planen individuelle Fördermaßnahmen im Team" übergehen. Dort wird die Durchführung mit den Analysekarten und Strukturkarten schrittweise anhand eines realen, anonymisierten Beispiels erläutert. Im anschließenden Kapitel 5 „Fördermaßnahmen konkretisieren" werden dann Wege zur Ableitung nächster Schritte aus den mit FiT-S erarbeiteten Zielen aufgezeigt. Weiterhin wird an dieser Stelle ein Überblick über bereits existierende Materialien für konkrete erste Maßnahmen gegeben.

Ein gutes Verfahren benötigt eine solide theoretische Basis und sollte in Forschungsergebnissen begründet sein. Ist es Ihnen wichtig, erst einmal einen Überblick zu bekommen, was die Grundlagen von FiT-S sind, dann lesen Sie chronologisch in Kapitel 2 „Wie kann Lernen in der Schule gelingen?"

und Kapitel 3 „Wie kann Lernförderung im Team gelingen?“ weiter und beginnen dann erst mit der Durchführung ab Kapitel 4.

Wenn Sie noch wenig Erfahrung in der gemeinsamen Planung individueller Fördermaßnahmen haben, empfehlen wir, dass Sie chronologisch weiterlesen. Sie erhalten dann auch einen kompakten Überblick über relevante Faktoren für erfolgreiches Lernen in der Sekundarstufe. Chronologisch weiterzulesen empfiehlt sich besonders für Quer- und Seiteneinsteiger, die sich eine Orientierung in der vielschichtigen Welt lehr-lernpsychologischer und allgemeindidaktischer Ansätze wünschen.

Zur Vertiefung der gewonnenen Erkenntnisse können auch die weiterführenden Hinweise in Kapitel 5 genutzt werden. Hier finden sich Anregungen für konkrete Maßnahmen zur Umsetzung der geplanten Förderziele. Sie können auch als Wegweiser genutzt werden, um sich Informationen über bestimmte Lernschwierigkeiten, besondere Förderbedarfe oder auch medizinische Diagnosen zu beschaffen.

Potsdam, im Mai 2019,
Karsten Krauskopf, Franziska Rogge, Karin Salzberg-Ludwig, Michel Knigge

1 Was ist FiT-S?

FiT-S ist ein Verfahren zur Unterstützung und Förderung von Schülerinnen und Schülern, die Schwierigkeiten bei der Bewältigung schulischer Anforderungen haben. Das Verfahren zur *Förderplanung im Team in der Sekundarstufe (FiT-S)* besteht aus einem Kartenset, einem Leitfaden sowie Evaluationsbögen. Mit diesen Materialien können Lehr- und Fachkräfte an Schulen gemeinsam die Förderung von Schülern planen. FiT-S kann dabei unabhängig davon eingesetzt werden, ob ein sonderpädagogischer Förderbedarf festgestellt wurde oder nicht. Es eignet sich für die Unterstützung bei allen Formen von Lernschwierigkeiten.

Was beinhaltet FiT-S?

Den Kern des Verfahrens bilden zum einen Analysekarten, die zentrale Dimensionen für erfolgreiches Lernen in der Sekundarstufe vorgeben, sowie zum anderen Strukturkarten, mit denen Zusammenhänge abgebildet werden können. In einem moderierten Teamgespräch werden die Karten nach ihrer Relevanz für die jeweilige Schülerin sortiert und zueinander in Beziehung gesetzt. FiT-S benötigt keine inhaltliche Vorbereitung und kann in einer regulären Version (90 Minuten) oder einer Kurzversion (45 Minuten) durchgeführt werden. Gemeinsam werden drei konkrete Förderziele mit je einer ersten Maßnahme, beziehungsweise in der Kurzversion ein Förderziel mit zwei Maßnahmen abgeleitet, die innerhalb der kommenden sechs Wochen umgesetzt werden können. Die Kurzversion eignet sich insbesondere dann, wenn die Situation der Schüler durch ein ausführliches Förderplangespräch mit FiT-S in der Vergangenheit bekannt ist und lediglich aktualisiert werden soll oder wenn es sich um eine akute, kurzfristig notwendige Förderung handelt.

Wer kann FiT-S nutzen?

FiT-S kann von spontan gebildeten Gruppen oder bestehenden Teams aus Fach- und Klassenlehrkräften in frei gewählter Zusammensetzung genutzt werden. Gemeinsam mit Sonder- oder Sozialpädagoginnen, Integrationshelfern, Schulpsychologinnen und anderen pädagogischen oder auch therapeutischen Fachkräften (zum Beispiel Logo-, Ergo- oder Lerntherapeuten) planen sie Fördermaßnamen für einen konkreten Schüler, die sie in naher Zukunft umsetzen wollen. Auch Quer- und Seiteneinsteiger mit weniger Vorkenntnissen in Pädagogik und Didaktik können mit Hilfe von FiT-S gut einbezogen werden. Teams, die in der Arbeit mit FiT-S geübt sind, können überlegen, Eltern und die Schülerin selbst mit einzubeziehen. Ein Vorteil ist, dass FiT-S zu einer klaren Visualisierung am Ende des Planungsgesprächs führt und dieses Ergebnis einfach an Kollegen weitergegeben werden kann. Eine Förderplanung mit FiT-S kann von jeder Lehr- oder Fachkraft initiiert werden, der auffällt, dass eine Schülerin Schwierigkeiten beim Lernen hat.

BEISPIEL

Frau M. macht sich Sorgen um ihre Schülerin Marie. Diese meldet sich im Fachunterricht kaum noch, und wenn sie einmal aufgerufen wird, weiß sie nicht, was gerade behandelt wird. Meist kommt Marie nur nach vielen Hilfestellungen zu einer knappen Antwort. Frau M. spricht den Klassenlehrer Herrn N. an. Auch er sieht diese Probleme mit Marie in seinem Unterricht. Gemeinsam vereinbaren Sie einen Termin mit Frau K., der Sonderpädagogin der Schule, um zu überlegen, wie mit dem Lernverhalten von Marie umzugehen ist.

Wozu wird FiT-S eingesetzt?

Die Arbeit mit den Analysekarten von FiT-S unterstützt die gemeinsame Absprache von Lehr- und Fachkräften für die Förderung von Schülern im Regelunterricht. Das bedeutet, bereits während der Fallanalyse entsteht durch den Austausch konkreter Erfahrungen ein gemeinsames Verständnis für die Lernausgangslage eines Schülers. Der Austausch und die Planung werden durch die gemeinsame Orientierung an folgenden zentralen Dimensionen für das schulische Lernen in der Sekundarstufe strukturiert:

- domänenspezifische – also fachbezogene – Kompetenzen,
- grundlegende fächerübergreifende Kompetenzen,
- Motivation und
- Handlungssteuerung.

FiT-S leitet dazu an, die verschiedenen Einflussgrößen nach ihrer Relevanz zu sortieren und die wichtigsten Facetten für den konkreten Schüler mit Hilfe einer Visualisierung zueinander in Beziehung zu setzen. So entsteht ein Strukturbild, aus dem Ziele und erste Maßnahmen effektiv abgeleitet werden.

BEISPIEL

Frau M. und Herr N. kommen gemeinsam mit Frau K. in einem Raum zusammen, in dem sie ungestört sind. Herr L., der Schulsozialarbeiter, hat sich angeschlossen. Frau K. bietet an, das Gespräch zu moderieren und folgt der schrittweisen Anleitung von FiT-S. Sie beginnen mit einem kurzen Austausch darüber, welche Stärken und Schwächen Marie in der Schule zeigt. Es kommt Verschiedenes zusammen, aber es ergibt sich noch kein klares Bild, was genau Marie Schwierigkeiten beim Lernen bereitet und was ihr helfen könnte. Durch die nachfolgende Analyse mit Hilfe der FiT-S-Karten kristallisiert sich heraus, dass Marie Schwierigkeiten hat, flüssig und sinnentnehmend zu lesen. Dies ist insbesondere dann ein Problem, wenn um sie herum noch andere Aktivitäten stattfinden. Alle Beteiligten haben außerdem die Erfahrung gemacht, dass Marie fast nicht spricht, wenn man ihr Erklärungen und Hilfestellungen gibt. Herr L. spricht von einer Ausnahme, die er während der Nachmittagsbetreuung beobachtet hat. Hier hatte Marie einer Freundin sehr verständlich erklärt, was sie in einer Zeitschrift über die Organisation eines Musikfestivals gelesen hatte.

FiT-S kann dabei helfen, konkrete Problembereiche und Stärken unter Berücksichtigung von Rahmenbedingungen zu identifizieren, und so eine Grundlage für eine gezielte Förderung schaffen. Fertige Pauschallösungen kann es aber nicht bieten. Bei Schülern, die gravierende Störungsbilder aufweisen, kann FiT-S zusätzlich zu umfänglichen Unterstützungsmaßnahmen von Fachkräften das Team dabei unterstützen, gemeinsam konkrete nächste Schritte zu planen.

Wer profitiert von FiT-S?

Von FiT-S profitieren Lehrkräfte bei der Planung individueller Förderung vor allem dann, wenn Bereitschaft zur Teamarbeit besteht. Die Unterstützung durch die Analysekarten entlastet Lehrkräfte, da eine aufwändige Vorbereitung auf die Förderplanung in der Gruppe entfällt und die Zusammensetzung des Teams flexibel gehandhabt werden kann. Karten und Moderationsanleitung vermeiden, dass wichtige Aspekte übersehen werden oder Diskussionen ausufern. Von den abgeleiteten konkreten Förderzielen und gemeinsam abgestimmten Maßnahmen profitieren alle Schüler mit Lernschwierigkeiten. Die Lehrkräfte werden zudem durch klare und gemeinsam erarbeitete Zielvorgaben entlastet.

BEISPIEL

Aus der Visualisierung des Gesprächsergebnisses, der FiT-S Struktur, wird deutlich, dass Marie die vorgegebenen Texte nicht versteht und sich leicht ablenken lässt, vor allem wenn es darum geht, etwas zu lesen. Sie verliert dadurch schnell die Möglichkeit, dem Unterricht zu folgen. Scheinbar hat sich dieses Erleben über die gesamte Grundschulzeit bis jetzt – in die Sekundarstufe hinein – verfestigt. Inzwischen hat auch Maries Selbstwert gelitten, was in Gesprächen mit Maries Eltern bereits thematisiert wurde. Marie versucht scheinbar, weitere Misserfolge durch Schweigen zu vermeiden. Als wichtigstes Ziel wird hieraus abgeleitet, dass es für Marie einfacher werden soll, sich im Unterricht zu orientieren, Hilfestellungen besser anzunehmen und Erfolgserlebnisse zu haben, für die sie gelobt und bestätigt werden kann. Es wird vereinbart, dass Marie in den nächsten sechs Wochen Fachtexte erhält, die einen geringeren Schwierigkeitsgrad aufweisen. Die Sonderpädagogin wird zunächst einen Lesetest mit Marie durchführen, um ihr Leseniveau zu bestimmen, und adäquate Texte bereitstellen. Mit Marie wird vereinbart, dass sie diese Texte im Vorfeld erhalten kann. Die Sonderpädagogin Frau K. wird mit Marie Strategien zum Leseverstehen besprechen und in der Förderstunde, die für die Klasse zur Verfügung steht, üben. Diese Strategiehinweise erhalten auch die beteiligten Lehrkräfte als Materialvorlage. Für Rückmeldungen an Marie einigen sich die Beteiligten darauf, Marie kurze Pausen zu lassen, nachdem ihr konkrete Hinweise gegeben wurden. Herr L. wird in den nächsten zwei Wochen einen Vorschlag erarbeiten, wie Marie im Nachmittagsbereich kleine verantwortungsvolle Aufgaben übernehmen kann, um ihr Ansehen in der Gruppe und damit ihre positive Selbstwahrnehmung zu stärken. Abschließend verabreden die Beteiligten, sich in sechs Wochen wieder zu treffen, um in einem kurzen Gespräch von 15 Minuten über die Erfahrungen mit der Umsetzung der besprochenen Maßnahmen zu sprechen. Dinge, die gut geklappt haben, sollen dann mit allen Kolleginnen, die in der Klasse unterrichten, durch die Klassenlehrerin Frau M. besprochen werden.

Was unterscheidet FiT-S von anderen Verfahren?

FiT-S unterscheidet sich von existierenden Verfahren in dreierlei Hinsicht:

1. Es wurde spezifisch für die Sekundarstufe entwickelt und ermöglicht es, neben den allgemeinen Dimensionen der Lernhandlung (Motivation und Handlungssteuerung) auch domänenspezifische und fächerübergreifende Kompetenzen zu berücksichtigen, die zu Beginn der Sekundarstufe bereits beherrscht werden sollten. Dies unterscheidet FiT-S

zum Beispiel von dem von Gerald Matthes entwickelten Verfahren zur Entwicklung von Förderkonzepten (Matthes 2018), das sich auf spezifische Lernhandlungen im Primarstufenbereich konzentriert.

2. FiT-S ist ein Instrument zur konkreten Förderplanung unter der Vorgabe verschiedener Analysekategorien. Diese dienen, anders als bei diagnostischen Instrumenten (Internationale Klassifikation der Funktionsfähigkeit, Behinderung und Gesundheit, ICF, zum Beispiel Bölte 2009; Schuntermann 2009), nicht zur Feststellung einer medizinischen Diagnose oder eines gegebenenfalls schulrechtlich relevanten Förderstatus. Sondern sie helfen dabei, auch ohne spezielle diagnostische Vorkenntnisse der Teammitglieder, eine relevante, aber überschaubare Bandbreite individuell bedeutsamer Facetten für den Lernerfolg jeder Schülerin zu berücksichtigen. Dies erleichtert eine passgenaue, individuelle Förderung.
3. FiT-S strukturiert zudem durch die Vorgabe relevanter Analysekategorien und die Moderationsanleitung den Prozess der gemeinsamen Förderplanung. Dabei stellt FiT-S einen Kompromiss zwischen zu engen inhaltlichen Vorgaben (diagnostische Verfahren) und der freien Sammlung inhaltlicher Aspekte (Kooperative Förderplanung - Erstellung und Fortschreibung individueller Förderpläne, KEFF, Melzer 2014) dar.

Zusammengefasst lässt sich sagen, dass FiT-S sowohl ohne besondere Vorbereitung der Moderation als auch der inhaltlichen Dimensionen direkt einsetzbar ist und für beide Aspekte eine effiziente, ausreichende Strukturierung bietet.

2 Wie kann Lernen in der Schule gelingen?

In der Auseinandersetzung mit der Frage, wie Lernen in der Schule gelingen kann, ist es unumgänglich, Prozesse des Lernens im Allgemeinen und im Besonderen kurz zu umreißen. Von der etymologischen Grundbedeutung des Wortes „Lernen – wissend werden" ausgehend, steht zwar der Wissenserwerb im Zentrum der Lernhandlungen, dieser wird jedoch von zahlreichen internalen sowie externalen Faktoren beeinflusst.

Wissenschaftlerinnen und Wissenschaftler verschiedener Disziplinen, wie der Philosophie, Psychologie, Biologie, Kognitionswissenschaft und natürlich der Pädagogik, setzen sich mit diesen Faktoren in unterschiedlichen Zugängen näher auseinander. Die individuellen Erfolge jedes Lernenden im Rahmen institutionalisierter Bildung, wie der Schule, beeinflussen maßgeblich deren Lebensweg. Eine am Lernenden und seiner Entwicklung orientierte Pädagogik stellt den Versuch dar, dem Anspruch einer *guten Schule* zu genügen:

> *„Nur eine Pädagogik, die das Potential jedes Kindes gut auszuschöpfen vermag, verhilft den Kindern dazu, jene eigenständigen, kreativen und lernbereiten Individuen zu werden, die sich in dieser zunehmend vielseitigen, dynamischen und anforderungsreichen Gesellschaft der Zukunft erfolgreich behaupten können" (Largo 2014, 26).*

Wir gehen davon aus, dass Lernen einen schöpferischen Akt darstellt, der durch pädagogische Begleitung unterstützt werden kann. Die Auseinandersetzung damit, wie Lernprozesse noch verstanden werden können, wird im Folgenden auf der Grundlage theoretischer Erklärungsansätze skizziert.

2.1 Lerntheorien - interdisziplinär betrachtet

behavioristische Lerntheorien

Die Grundannahme der behavioristischen Lerntheorien besteht darin, dass bestimmte Reize, auch Stimuli genannt, auf den Menschen einwirken und spezifische Reaktionen hervorrufen. Lernen ist in diesem Verständnis eine überdauernde Verhaltensänderung, die durch äußere Einflüsse (Belohnung, Bestrafung) und durch Übung entsteht (Eckhardt 2013; Göhlich/Zirfas 2007; Hannover et al. 2014; Machowiak et al. 2008). Ein pädagogisch bedeutsames Prinzip ist das *Lernen durch Verstärkung erwünschten Verhaltens*, das auch als *instrumentelles Lernen* oder *operante Konditionierung* bezeichnet wird. Dieser Ansatz ist im Jahr 2019 durchaus noch populär und spiegelt sich in der Vergabe von Belohnungen (Tokens) im Rahmen von Verstärkersystemen wider. Für sich genommen erklärt dieser Ansatz jedoch nicht alles:

> *„Als größter Nachteil muss zweifellos gelten, dass der behavioristische Zugang große Schwierigkeit hat, unerwartetes Verhalten zu erklären" (Göhlich/Zirfas 2007, 23).*

kognitive Lerntheorien

Die Entwicklung kognitiver Lerntheorien geht mit der sogenannten kognitiven Wende der 1970er Jahre einher. Der Lernende wird in diesem Verständnis als Individuum begriffen, das äußere Reize aktiv und selbstständig verarbeitet. Wahrnehmen, Erkennen und Lernen sind individuelle und aktive Prozesse der Informations*verarbeitung*, um sich an die Umwelt anzupassen. Aus pädagogischer Perspektive besteht in diesem Prozess eine Wechselwirkung zwischen einem externen Angebot durch den Lehrenden und der internen Verarbeitung durch die Lernenden (Göhlich/Zirfas 2007; Machowiak et al. 2008).

konstruktivistische Lerntheorien

Aus konstruktivistischer Perspektive werden Wahrnehmen, Erkennen und Lernen im Gegensatz zu kognitiven Lerntheorien als *Konstruktions*prozess des Individuums verstanden, der durch kognitive Voraussetzungen und soziale Rahmenbedingungen maßgeblich beeinflusst wird (Göhlich/Zirfas 2007). Lernende bauen Wissenssysteme und -strukturen auf. Die Konstruktionsprozesse verlaufen bei jedem Lernenden unterschiedlich, da die darunterliegenden Prozesse individuell reguliert werden. Dies bedingt zwangsläufig Diskrepanzen zwischen Lernangeboten der Lehrenden und den individuellen Voraussetzungen der Lernenden. Nach diesem Paradigma tragen offene Lernarrangements zu einer Auseinandersetzung mit unterschiedlichen Problemstellungen bei. Gleichzeitig bietet dieses Arrangement die Möglichkeit, mehr Wissen sowie ein tieferes Verständnis zu erlangen als die einfache

Weitergabe von Wissen mit übenden Verfahren. Lerninhalte und Vorwissen werden hier besser miteinander verknüpft (Wisniewski 2016).

Tätigkeitstheorie

In der Tätigkeitstheorie werden Lern- und Denkprozesse als Wechselwirkung zwischen Lernendem und der Umwelt verstanden. Der Lernende verändert sich dabei sowohl selbst als auch die Umwelt (Giest/Lompscher 2006). Lernen bedeutet also, sich Kenntnisse und Fähigkeiten durch aktive Handlungen mit dem Lerngegenstand anzueignen. Die Lernhandlung wird somit im schulischen Kontext zu einer dominierenden Tätigkeit. Sie bestimmt die Stellung der Lernenden zur eigenen Umwelt und fördert in besonderer Weise die psychische Entwicklung (Matthes 2009; Nitsch 2015). Wygotskis Theorie zufolge sollte Unterricht, ausgehend von der aktuellen Leistung, die Zone der nächsten Entwicklung bei den Lernenden ansprechen, die dann handelnd erreicht wird (Wygotski 1993). Das ist jener Bereich, den der Lernende unter Anleitung und in Zusammenarbeit mit anderen erreichen kann. Lernfortschritte ergeben sich, wenn die Lernenden über ihr aktuelles Leistungsniveau hinausgehen und zu einer neuen Kompetenzstufe gelangen. Die Unterstützung der sozialen Umgebung sowie die individuelle Zuversicht und Hoffnung auf Erfolg unterstützen dabei den Lernprozess (Matthes 2018).

biologisch orientierte Theorien

Aus neurobiologischer und -psychologischer Perspektive werden Zusammenhänge zwischen bewussten, unbewussten, affektiven, kognitiven, sozialen und motorischen Aspekten des Lernens mit Vorgängen im Gehirn verbunden. Es wird betont, dass auch die Persönlichkeitsentwicklung eng mit Eigenschaften des Gehirns zusammenhängt. Dieses ist allerdings nicht starr und unveränderbar, sondern wird in seiner Struktur und seiner Aktivität stark von Umweltfaktoren und Erfahrungen geprägt (Roth 2011). Zahlreiche Autorinnen und Autoren (Hüther 2010; Hüther/Hauser 2013; Roth 2010, 2011; Spitzer 2010; Stern 2010; Vester 1994) plädieren dafür, neurobiologische, psychologische und pädagogische Sichtweisen auf das Lernen miteinander zu verknüpfen, um Lehren und Lernen auch im schulischen Alltag den veränderten Ansprüchen anzupassen.

Bildung hat zum Ziel,

Aufgaben von Bildung

> *„(1) dem Lernenden zu helfen, sich zu einer psychisch gesunden Persönlichkeit zu entwickeln; (2) ihm Wissen und Fähigkeiten zu vermitteln, die ihn auf ganz unterschiedliche spätere Lebenstätigkeiten vorbereiten, und ihn in die Lage versetzen, eigenständig und kritisch mit diesem Wissen umzugehen; und (3) soziale Kompetenzen zu entwickeln, die es ihm erlauben, seine eigenen Interessen unter Anerkennung und Berücksichtigung der Interessen Anderer zu verfolgen […]" (Roth 2011, 285).*

Für FiT-S gilt:

Lernen kann als ein aktiver und komplexer Prozess verstanden werden, der von inneren und äußeren Faktoren beeinflusst wird. Er zielt darauf ab, Wissens- und Könnenssysteme aufzubauen, die Lernende in zunehmendem Maße befähigen, sich in der Welt zu orientieren und sich zu einer kompetenten und gesunden Persönlichkeit zu entwickeln.

2.2 Spezifika des Lernens in der Sekundarstufe

Zwischen dem sechsten und zwölften Lebensjahr kommt es zu umfassenden Entwicklungsveränderungen (Konrad/König 2018; Lindberg/Hasselhorn 2018). Im Kontext des Lernens betrifft dies die Effizienz des Arbeitsgedächtnisses, motivationale Voraussetzungen, metakognitive Fähigkeiten sowie die Stabilisierung des Leistungsmotivsystems.

Entwicklung des Arbeitsgedächtnisses

Im Bereich des Arbeitsgedächtnisses verbessert sich vor allem die Verarbeitung sprachlicher und akustischer Informationen. Die Schüler können also in der Regel größere Informationseinheiten verarbeiten und die Funktion des inneren Nachsprechens automatisieren. Die stärkere Automatisierung grundlegender kognitiver Prozesse, die Vertrautheit mit vielen Lerninhalten, eine größere Kapazität des Arbeitsgedächtnisses sowie effektivere Strategien zur Wissensaneignung sind dafür verantwortlich. Durch stetes Üben vernetzen sich die neuronalen Strukturen, sodass die koordinative Qualität steigt. Dadurch kommt es zugleich zu einer Leistungssteigerung von Sprache, räumlichem Denken, sozialer Intelligenz und Kreativität sowie in spezifischen Wissensbereichen. Die Jugendlichen werden in ihrem Denken insgesamt abstrakter, mehrdimensionaler, relativer und zunehmend selbstreflexiver (Konrad/König 2018; Lindberg/Hasselhorn 2018).

Motivation und Steuerung

Motivationale Veränderungen zeigen sich unter anderem darin, dass ein kindlicher Optimismus und die Ausrichtung des Lernens durch Nachahmung (Mimesis) in sozialen Kontexten (Bandura 1969) sich verschieben. Soziale Vergleiche sind nun für die Selbstwahrnehmung und -bewertung von noch größerer Bedeutung (Helmke 1998). Metakognitiven Fähigkeiten, das Monitoring und die Kontrolle der eigenen Handlungsausführungen stabilisieren sich und Motivation wird durch die Orientierung an verschiedenen Lernzielen (etwas können zu wollen) und Leistungszielen (im sozialen Vergleich zu bestehen) bestimmt. Die selbstständige Anwendung von Lernstrategien und der kontinuierliche Abgleich subjektiver Kompetenzeinschätzungen und „objektiver" Leistungen gewinnt an Bedeutung. Im Gegensatz zu Kindern im Grundschulalter haben Jugendliche eine veränderte Leistungsbereitschaft. Diese ist nun stärker durch das Bedürfnis nach Selbstständigkeit und Eigenkontrolle gekennzeichnet.

> *„Jeder Schüler [...] entwickelt individuelle Konfigurationen von Interesse, Sachorientierung, instrumentellen Zielen und internalisierten Ansprüchen" (Fend 2000, 339; Auslassung d. Verf.).*

Das individuelle Profil dieses Autonomiestrebens stellt eine wichtige Grundlage für selbstgesteuerte Lernprozesse dar (Fend 2000; Hasselhorn/Gold 2009; Latzko 2006)!

Bedeutung von Intelligenz

Zahlreiche Studien belegen, dass Intelligenz eine der wichtigsten Voraussetzungen für die schulische Leistungsentwicklung im Grundschulalter ist. In der fortgeschrittenen Bildungsbiographie beeinflussen in der Regel jedoch auch das erworbene beziehungsweise fehlende Vorwissen, das leistungsbezogene Selbstkonzept und selbstregulatorische Fähigkeiten zunehmend das Lernen sowie das Verhalten in bildungsrelevanten Situationen (Gruber/Stamouli 2009; Lindberg/Hasselhorn 2018). Angemessene Zielsetzungen und Strategien zur Realisierung von Aufgaben und bislang erworbene Fähigkeiten sind somit Voraussetzung für gelingende Lernhandlungen. Soziale Rahmenbedingungen des familiären Umfelds sollten dabei nicht außer Acht gelassen werden (Machowiak et al. 2008).

ZUSAMMENFASSUNG

Das Lernverhalten von Jugendlichen wird durch umfassende kognitive und soziale Entwicklungsschritte sowie körperliche Veränderungen beeinflusst. In dieser Phase kommt es häufig zu Stimmungsschwankungen, einer neuen Sicht auf das Zusammenleben mit anderen Jugendlichen und Erwachsenen sowie einer veränderten Haltung gegenüber schulischem Lernen, die vor allem an der Regulation von Autonomie und sozialem Status orientiert sind.

2.3 Rahmenbedingungen und Beziehungssysteme einer Lernhandlung

In Anlehnung an die von Bronfenbrenner entwickelte ökologische Systemtheorie (Bronfenbrenner 1981; Eckhardt 2013; Hannover et al. 2014) ist die Analyse der individuellen Lernentwicklung von Schülern immer in Beziehungssysteme eingebettet. In Abb. 1 stellen wir diese als konzentrische Kreise dar, um hervorzuheben, dass sich immer komplexe wechselseitige Einflüsse zwischen Umfeld und Lernenden einstellen, die für die Förderplanung in diesem Zusammenspiel bedeutsam sind. Die im inneren differenzierten Dimensionen individueller Voraussetzungen für gelingende Lernhandlungen der Schülerinnen sind also grundsätzlich vor dem Hintergrund multipler kontextueller Faktoren zu verstehen. Der Fokus von FiT-S liegt auf der Analyse der individuellen Lernausgangslage, so dass Umwelt und soziale Beziehungen nur im Ansatz skizziert werden. Dies ist dem Umstand geschuldet, dass diese Faktoren schwieriger zu beeinflussen sind. Sie sollten dennoch immer als potenzielle Ressource und zur Erklärung von Schwierigkeiten und Stärken Berücksichtigung finden.

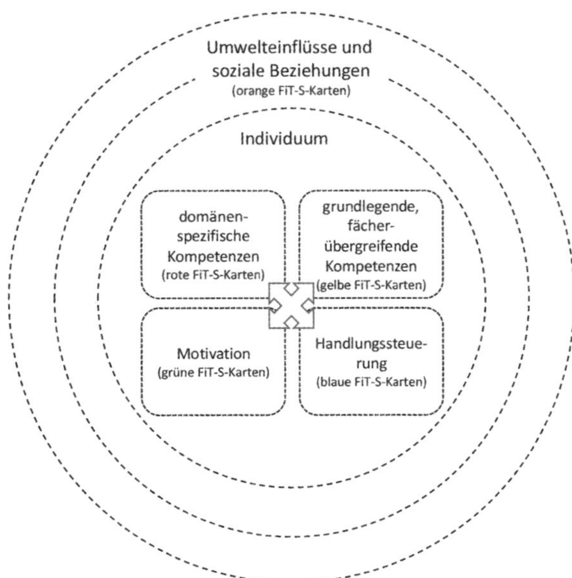

Abb. 1: Lernhandlungsmodell für den schulischen Kontext (nach Salzberg-Ludwig/Matthes 2011; Bronfenbrenner 1981)

Umwelteinflüsse

Im weitesten Sinne werden Lernhandlungen von der Umwelt beeinflusst, und das Handeln der Lernenden trägt zur Gestaltung ihrer Umwelt bei. Zu diesem äußeren Bereich zählen die gesellschaftlichen Verhältnisse, in denen Schüler leben, wie zum Beispiel Bildungsaspirationen der Ursprungsfamilie, deren Werte, Normen, Ziele und Aufgaben samt kulturellen Unterschieden und auch das Wohnumfeld. Weiterhin sind die Struktur des Bildungssystems allgemein, soziale Sicherungssysteme sowie die konkreten Rahmenbedingungen der einzelnen Schule hier zu verorten (Knigge 2009).

soziale Beziehungen

Der mittlere Bereich hebt hervor, dass die Gesamtheit der sozialen Beziehungen einer Schülerin als besonders wichtige Facette äußerer Einflüsse in der Sekundarstufe im Hinterkopf behalten werden sollte. Dazu zählen die Beziehung zur Familie und anderen wichtigen Personen außerhalb der Schule, Peerbeziehungen und die Klassenzusammensetzung insgesamt sowie die unterschiedlichen Lehrkraft-Schüler-Beziehungen.

individuelle Faktoren

Im innersten Bereich steht das Individuum mit seinem Lernhandeln. Für dessen Gelingen in der Schule lassen sich vier Dimensionen beschreiben, die von Lehrkräften in der Sekundarstufe berücksichtigt werden sollten. Dazu gehören *domänenspezifische* (fachliche) und *fächerübergreifende* Kompetenzen, die zum Teil bereits in der Primarstufe entwickelt werden konnten. Zu letzteren gehören basale Wahrnehmungsleistungen, allgemeine Lese-, Schreib- und Sprachkompetenz, Lernstrategien sowie metakognitive Strategien. Zwei weitere grundlegende Dimensionen wurden von der empirischen Forschung als bedeutsam differenziert. Dazu zählen die *motivationalen* Orientierungen der Lernenden, wie Interessen, Ziele und Gewohnheiten, sowie die Möglichkeiten der *Handlungssteuerung*. Beispielsweise stellen Frustrationstoleranz und Impulskontrolle wichtige Aspekte der Selbststeuerungsfähigkeiten dar. Zwischen den Profilen der Schülerinnen und den Anforderungen der Aufgaben sollte möglichst eine Passung hergestellt werden, damit Lernhandeln aktiv gesteuert und das Fähigkeitsprofil weiter ausgebaut werden können. So können nach und nach wachsende Herausforderungen erfolgreich bewältigt werden.

ZUSAMMENFASSUNG

Lernprozesse sind in Umweltbedingungen und soziale Beziehungen eingebettet. Sie werden zudem durch das Zusammenspiel von domänenspezifischen und fachübergreifenden Kompetenzen sowie motivationalen Orientierungen und Fähigkeiten zur Handlungssteuerung beeinflusst.

Im Folgenden werden die einzelnen Dimensionen für gelingende Lernhandlungen näher betrachtet und deren Bedeutsamkeit für die pädagogische Arbeit im Unterricht der Sekundarstufe herausgearbeitet.

2.3.1 Umwelteinflüsse und soziale Beziehungen

Umwelteinflüsse

Seit der Ratifizierung der UN-Behindertenrechtskonvention 2009 gibt es mehr politische und praktische Arbeit in Richtung einer zunehmenden gemeinsamen Beschulung aller Schüler. Wurde bis dahin die gemeinsame Beschulung dominant in der Primarstufe umgesetzt, so werden nunmehr verstärkt auch in den weiterführenden Schulen weniger Schüler abgewiesen und ein inklusiver Unterricht angeboten. Damit gehen sowohl Veränderungen in den Schulstrukturen als auch in der Gestaltung des Unterrichts einher. Individualisierung auf der einen und Teamarbeit auf der anderen Seite stellen alle Beteiligten vor neue Herausforderungen.

Eine große Herausforderung für Lehr- und Fachkräfte in heterogenen Lerngruppen besteht in der kooperativen Gestaltung eines lernzieldifferenten Unterrichts.

Soziale Beziehungen

Der Übergang in die weiterführende Schule stellt einen wichtigen Einschnitt im Leben der Heranwachsenden dar (Brake/Büchner 2013; Helsper 2015; Tully 2007). Sie sind konfrontiert mit neuen Unterrichtsfächern, anderen Lehrkräften sowie veränderten fachlichen Anforderungen und Interaktionsformen. Hinzu kommen Veränderungen im sozialen Umfeld und oftmals auch ein längerer Schulweg. Zur Bewältigung dieses Übergangs tragen diverse intakte soziale Beziehungen bei.

Familie

Auch im Jugendalter nimmt die Familie für die Heranwachsenden eine zentrale Position ein. Die Beziehung zu den Eltern ist nicht einfach „ersetzbar“ (Ecarius 2015). Sie vermittelt Orientierungen, zeigt Perspektiven auf und beeinflusst die Bildungsverläufe der nächsten Generation mit. Auch wenn die Jugendlichen zunehmend eigenständig Entscheidungen treffen und Verantwortung übernehmen möchten, bleibt die Familie eine zentrale Instanz, die die Strukturierung von Handlungs- und Beziehungsmustern in Peergroups, in der schulischen und auch beruflichen Orientierung ausübt (Brake/Büchner 2013; Deppe 2013; Kemper/Weishaupt 2011; Kretschmann 2007; Szczesny/Watermann 2011; Walper et al. 2018). Das Ausmaß an Sicherheit in den gesammelten Erfahrungen im Kindesalter wirkt sich auch langfristig auf die individuelle Entwicklung im Jugendalter aus. Die Familie, die natürlich auch durch Konflikte, ökonomische Probleme und andere Faktoren belastet sein kann, hat demnach einen großen Einfluss darauf, wie sich die individuelle Entwicklung des Jugendlichen vollzieht (Helsper 2015; Szczesny/Watermann 2011).

Peerbeziehungen

Die Sozialisation in der Gleichaltrigengruppe grenzt sich qualitativ von der Beziehung zu den Eltern ab. Peerbeziehungen sind in der Regel selbstgewählt und symmetrisch arrangiert. Die Jugendlichen wählen sich Peers, die bezüglich ihres kognitiven Niveaus, der vertretenden Wertvorstellungen ähnlich und in vergleichbaren Lebensverhältnissen sind. Peerbeziehungen eröffnen als Ressource Möglichkeiten zum emotional-unterstützenden und/oder fachlich-schulbezogenen Austausch. Sowohl Querschnitts- als auch Längsschnittuntersuchungen belegen die Einflusskraft auf das individuelle Lernverhalten (Beetz 2013; Ittel/Latzel 2007; Müller/Minger 2013; Neumann et al. 2007; Rabenstein et al. 2018; Schwanke/Schäfer 2013; Vierhaus/Wendt 2018). So zeigt sich beispielsweise, dass Schülerinnen, die in positiven Beziehungen eingebunden sind, auch im Unterricht motivierter und engagierter sind. Andererseits zeigen Studien gleichermaßen, dass wenn Freunde negativ auffallen und auch wenig emotionale Unterstützung durch die Lehrkraft vorhanden ist, Jugendliche selbst häufig ähnlich negative Verhaltensweisen entwickeln. Peerbeziehungen sind demnach sowohl in kognitiver als auch in emotionaler Hinsicht für die Entwicklung der Jugendlichen bedeutungsvoll. Problematisch erscheint insbesondere im Kontext der inklusiven Beschulung, dass die zunehmende Bedeutung schulischer Leistungen zur Homogenisierung von Cliquen und damit zu Ausgrenzungsprozessen führen kann. Die alltäglichen schulischen wie außerschulische Erfahrungen mit Peers modifizieren den zuvor primär familiär geprägten milieuspezifischen Habitus der Heranwachsenden (Deppe 2013; Reiz et al. 2014; Zander et al. 2017).

2.3.2 Individuelle Ebene

Domänenspezifische Kompetenzen

Die Erkenntnisse haben aufgezeigt, dass Schüler profitieren, wenn das Lernangebot im Unterricht an ihr Vorwissen anknüpft. Deutsch, Mathematik und Englisch sind die Hauptfächer, die beim Übergang in die Sekundarstufe besondere Berücksichtigung finden. Lernschwierigkeiten in diesen Fächern führen beispielsweise bisher oft dazu, dass die Schülerin kein Gymnasium besuchen kann. Um herauszufinden, über welches Wissen und Können die Lernenden in diesen Bereichen verfügen, werden ausgewählte Inhalte, die im diagnostischen Prozess eine Rolle spielen, näher betrachtet. Grundlage für diese Analyse bilden im Nachfolgenden die Bildungsstandards sowie die Rahmenlehrpläne der Sekundarstufe für Berlin und Brandenburg (KMK 2005; SenBJF/MBJS 2015a-d).

Deutsch

Im Fach Deutsch liegt der Fokus in der Sekundarstufe in der Weiterentwicklung des Sprachwissens und des Sprachbewusstseins, um Sprache in unterschiedlichen Kontexten nutzen zu können. Die Entwicklung kommunikativer Kompetenzen bildet hierbei einen Schwerpunkt. Die Schüler entwickeln im Idealfall die Fähigkeit, zielorientiert, adressaten- und situationsgerecht in verschiedenen Settings zu kommunizieren (SenBJF/MBJS 2015b).

Im schriftsprachlichen Bereich steht eine eigenständige, zielorientierte sowie sprachlich korrekte Textproduktion und deren Reflexion im Mittelpunkt. Im Umgang mit Medien und Texten werden Fähigkeiten zur Themenrecherche sowie das Formulieren von Zusammenfassungen und Interpretationen ausgebildet. Rechtschreibstrategien und grammatisches Wissen werden vertieft und kommen in der Textproduktion zur Anwendung.

Seit den 2000er Jahren wurde in verschiedenen Studien (zum Beispiel Klieme et al. 2010; Prenzel et al. 2013) gezeigt, dass über 18 Prozent der 15-jährigen Schülerinnen und Schüler auf dem Niveau der Grundschule lesen (Gailberger/Willenberg 2008; Gasteiger-Klicpera/Klicpera 2014; Neumann/Lehmann 2008; Schrader et al. 2008; Wagner et al. 2008). Demnach ist zu erwarten, dass viele Schüler im Fach Deutsch besondere Unterstützung im grundlegenden Bereich benötigen, um am Unterricht insgesamt teilhaben zu können. Eine entsprechende Förderung auch in der Sekundarstufe ist sehr wichtig. Sie kann langfristig dabei helfen, die Zahl von 6,2 Millionen Erwachsenen im Jahr 2018 zu reduzieren, die solche umfänglichen Schwierigkeiten im Lesen und Schreiben haben, dass sie auch als funktionale Analphabeten bezeichnet werden (Grotlüschen/Buddeberg 2019).

Mathematik Im Fach Mathematik sehen prozessbezogene Standards vor, dass die Schülerinnen im Verlauf der Sekundarstufe ihre Überlegungen, Lösungswege und Ergebnisse dokumentieren, darstellen und präsentieren können. Mathematisch argumentieren beziehungsweise Probleme mathematisch zu lösen, bedeutet, Situationen zu hinterfragen, Vermutungen begründet aufzustellen, Lösungswege zu beschreiben sowie den gewählten Lösungsweg kritisch zu reflektieren. Für die Schüler ist es eine wichtige Voraussetzung, dabei auf verschiedene, ihnen bekannte mathematische Darstellungsformen (zum Beispiel Variablen, Gleichungen, Diagramme, Tabellen) zurückgreifen zu können. Sie erwerben Sicherheit im Umgang mit symbolischen und formalen Elementen (zum Beispiel Anwendung mathematischer Verfahren und Werkzeuge). Gleichzeitig festigen sie ihre Fähigkeiten beim verstehenden Zuhören und Lesen mathematischer Texte (mathematische Kommunikation).

Bezüglich inhaltsbezogener mathematischer Standards entwickeln die Schüler im Verlauf der Sekundarstufe einen sicheren Umgang mit Rechenoperationen und -gesetzen sowie sinntragenden Vorstellungen von natürlichen, ganzen und gebrochenen Zahlen (Zahlen und Operationen). Dazu gehört das Darstellen und Ordnen von Zahlen und Zahlbeziehungen, das Beschreiben von Zusammenhängen zwischen den Rechenoperationen sowie die Anwendung von Rechenregeln, -verfahren und -strategien. Grundprinzipien der Längen-, Flächen- und Volumenmessung werden erworben und können angewendet werden. Die Schülerinnen können Maße und Größen aus Darstellungen entnehmen sowie diese auch selbst bestimmen. Sie entwickeln in der Regel tragfähige Größenvorstellungen sowie ein Verständnis über den Aufbau von Skalierungen. Dem zugrunde liegt die Fähigkeit, geometrische Objekte zu erkennen und zu beschreiben sowie Netze und Modelle ausgewählter Körper anzufertigen. Schüler werden weiterhin befähigt, sich in Raum und Ebene zu orientieren, Eigenschaften geometrischer Objekte, Beziehungen und Prozesse zu kennen sowie Figuren und Körper zu analysieren und klassifizieren. Zudem sammeln sie Erfahrungen im Umgang mit zeichnerischen Darstellungen. Im Umgang mit Gleichungen und Funktionen lernen die Schüler, Eigenschaften von Zuordnungen zu beschreiben, in Form von Gleichungen darzustellen sowie diese zu lösen. Sie können in der Regel daher Funktionen als zentrale Mittel einsetzen, um Abhängigkeiten und Veränderungen zu beschreiben. Das Sammeln, Dokumentieren sowie grafische Darstellen von Daten, beispielsweise in Form von Kreisdiagrammen oder Tabellen, stellt ebenso einen Inhalt des mathematischen Unterrichts in der Sekundarstufe dar. Wie im Fach Deutsch gilt auch hier, dass eine große Zahl von Schülern in der Sekundarstufe kaum mathematische Routinen (über fünf Prozent) beherrscht beziehungsweise dazu in der Lage ist, wenn sie vollständig und eindeutig angeleitet werden (über zwölf Prozent) (Prenzel et al. 2013).

Rechenschwäche

Schülerinnen, bei denen eine Lern- und/oder Rechenschwäche festgestellt wurde, haben häufig Schwierigkeiten, sich Dinge und Zusammenhänge vorzustellen. Sie erkennen Größenbeziehungen zwischen Zahlen nicht und haben Probleme mit Textaufgaben. Manchmal kommt eine verringerte Gedächtnisleistung vor. So können sie zum Beispiel trotz wiederholten Übens das kleine Einmaleins nicht und machen bei schriftlichen Rechenverfahren viele Fehler. Es kann eine Rechts-Links-Schwäche vorhanden sein, so dass es oft zu Zahlendrehern (wie 15 statt 51) oder zur ungewollten Umkehr von Rechenoperationen kommt. Es kann sein, dass in der Vorstellung des Schülers aus einer Additionsaufgabe plötzlich eine Subtraktionsaufgabe wird. Schüler können Probleme mit Platzhalteraufgaben haben. Auch in höheren Klassen können Aufgaben mit mehreren Zehnerwechseln Schwierigkeiten bereiten. Obwohl die höheren Jahrgänge durchschnittlich bessere Leistungen erzielen, kann konstatiert werden, dass viele Schülerinnen die Schule höchstens mit Fähigkeiten auf Grundschulniveau verlassen (Gebhardt et al. 2013; Lorenz 2014). Ebenso wie im Bereich des Lesens und Schreibens ist es essentiell, dass diese Schülerinnen und Schüler auch in der Sekundarstufe auf dem Niveau ihrer Fähigkeiten gefördert werden, um ihnen eine gesellschaftliche Teilhabe zu ermöglichen. Dies hilft auch gesellschaftliche Folgekosten von unzureichender Literalität zu reduzieren.

Fremdsprachen

Der Erwerb einer Fremdsprache dient der Entwicklung interkultureller Handlungsfähigkeit. Der systematische Aufbau sprachlicher Kompetenzen steht im Mittelpunkt des Fremdsprachenunterrichts. Laut Rahmenlehrplan Berlin-Brandenburg (SenBJF/MBJS 2015d) werden folgende Kompetenzbereiche unterschieden:

- die *funktional-kommunikative* Kompetenz,
- die *interkulturell-kommunikative* Kompetenz,
- die *Text- und Medien*kompetenz,
- die *Sprachlern*kompetenz sowie
- die *Sprachbewusstheit*.

Es wird vor allem Wert auf die Fähigkeit zur Kommunikation gelegt. Dies soll dazu führen, dass die Lernenden über angemessene sprachliche Mittel und Strategien verfügen. Das Verstehen von englischen oder anderen fremdsprachlichen Texten und die eigene Textproduktion werden angebahnt. Somit sollen die Schüler dazu befähigt werden, an der fremdsprachlichen Gesellschaft teilzuhaben. In den Rahmenlehrplänen sind Standards festgelegt, die zur Grundlage des Erkennens unterschiedlicher Niveaustufen werden. Auch hier ist es wichtig, dass die Schülerinnen sowohl über metakognitive Strategien zum Spracherwerb verfügen als auch Grundkenntnisse im Lesen, Schreiben und Verstehen von deutschsprachigen Texten besitzen, um die erforderlichen Transferleistungen in die Fremdsprache zu erbringen.

Einer Fragebogenerhebung bei Lehrkräften in der Sekundarstufe zufolge, sind diverse Bereiche beim Fremdsprachenerwerb in der Sekundarstufe besonders problematisch. Die Einschätzungen aus Lehrerperspektive bestätigen die Ergebnisse der große Schulleistungsstudie DESI, in der die schulischen Leistungen und die Unterrichtswirklichkeit in den Fächern Deutsch und Englisch untersucht wurde. Zu den somit auch in der Diagnostik von Lernschwierigkeiten relevanten Inhalten zählen das bereits in der Grundschule erworbene Vorwissen in der Fremdsprache, das Lese- und Textverständnis sowie schriftsprachliche Kompetenzen (Donle 2018; Harsch et al. 2008; Helmke et al. 2008; Nold/Rossa 2008; Nold et al. 2008; Schrader et al. 2008).

Generell gilt für Unterrichtsfächer in der Sekundarstufe, dass diese auf eine Anschlussfähigkeit zum vorhandenen Wissen und Können der Schüler angewiesen sind. In Abhängigkeit davon sollten Lernangebote variiert und kontinuierlich überprüft werden. Daraus können pädagogische Entscheidungen für individuelle Unterstützungsmaßnahmen abgeleitet werden.

Grundlegende fächerübergreifende Kompetenzen

Wahrnehmung und Kognition

Zu den grundlegenden fächerübergreifenden Kompetenzen gehören alle basalen Wahrnehmungs- und Verarbeitungsprozesse akustischer, optischer, visueller und haptischer Stimuli. Auch wenn diese im Unterricht der Sekundarstufe wenig Berücksichtigung finden, so ist generell zu klären, ob es diesbezüglich Einschränkungen bei den Schülerinnen gibt. Weiterhin sind all die Prozesse bedeutungsvoll, die mit der kognitiven Entwicklung im Zusammenhang stehen. Die Wissenssysteme, die individuelle Informationsverarbeitung, die Funktionsfähigkeit des Arbeitsgedächtnisses, metakognitive Fähigkeiten, die Fähigkeit zur Selbstregulation sowie soziale Kognitionsprozesse ermöglichen es, sich selbst und andere in sozialen Situationen wahrzunehmen und vor allem auch zu verstehen (Lindberg/Hasselhorn 2018).

Intelligenz und Gedächtnis

Jüngere Erkenntnisse zur Entwicklung der Intelligenz verweisen darauf, dass sich die Intelligenzleistung im Jugendalter noch einmal deutlich verändern kann. Interaktionen zwischen Umweltbedingungen und genetischen Voraussetzungen können im Alter zwischen zwölf und 16 Jahren zu drastischen Zu- oder Abnahmen von IQ-Punkten in den Intelligenzwerten führen (Lindberg/Hasselhorn 2018). So gibt es beispielsweise im Bereich des Weltwissens (*kristalline Intelligenz*) einen deutlichen Zuwachs. Aber auch die Entwicklung des Arbeitsgedächtnisses (*fluide Intelligenz*) tritt im Jugendalter in eine neue Phase. Die Kapazität steigt. Insbesondere bei komplexen Aufgaben vergrößert sich die Leistungsfähigkeit. Die Verarbeitungs- und Reaktionsgeschwindigkeiten werden größer, so dass umfassendere Informationseinheiten bearbeitet werden können. Nach Fry und Hale (1996) wird das Arbeitsgedächtnis zum zentralen Motor der Intelligenzentwicklung.

Lesen, Schreiben und Sprechen

Zu den grundlegenden fächerübergreifenden Kompetenzen zählen auch die Lese- und Schreibfähigkeiten zur Kodierung und Dekodierung von Texten. Besitzen die Schüler adäquate Strategien beim Lesen, so können sie sich Fachtexte erschließen. Fehlen diese Strategien, ist dies eine Hürde, die es zu überwinden gilt. Lehrkräfte sollten demnach in allen Unterrichtsfächern diese übergreifende Kompetenz beachten und fördern. In diesem Kontext entwickelt sich auch die Sprachkompetenz, die für die aktive Teilnahme am Unterrichtsgespräch und das Referieren von Sachverhalten unerlässlich ist. Das Text*verstehen* gilt als eine der zentralen fächerübergreifenden Schlüsselqualifikationen, die die Schülerinnen sicher beherrschen sollten. Eine angemessene Lesekompetenz ist somit eine Voraussetzung für die aktive Teilhabe am gesellschaftlichen Leben (Ferencik-Lehmkuhl et al. 2015; Galuschka/Schulte-Körne 2015; Souvignier et al. 2003).

Lernstrategien

Lernen ist ohne eine Strategie des Lernenden nicht denkbar. Mandl und Friedrich (1992) schlagen vor, Lernstrategien in (meta-)kognitive Primärstrategien und motivationale Stützstrategien zu unterscheiden. Zu den Primärstrategien zählen metakognitive Strategien, die den eigenen Lernprozess steuern und überwachen (Artelt/Wirth 2014; Gläser-Zikuda 2007; Guldimann/Lauth 2014; Krapp 1993; Machowiak et al. 2008). So können beispielsweise in der Auseinandersetzung mit Texten diese mit Hilfe bestimmter Techniken zusammengefasst, ausgewertet oder graphisch dargestellt werden. Dazu gehören das ausgewählte Unterstreichen von Textpassagen, die Schlüsselwortmethode oder das Anfertigen von Mindmaps. Für das Problemlösen können Hypothesen aufgestellt und getestet werden.

Der Bereich der grundlegenden Kompetenzen umfasst sowohl basale Prozesse der Informationsaufnahme und –verarbeitung als auch fächerübergreifendes Strategiewissen und die Fähigkeit, diese anzuwenden, die nötig sind, um an Lernprozessen der Sekundarstufe teilzuhaben.

Motivation

Allein das Vorhandensein kognitiver Strategien ist für erfolgreiches Lernen nicht ausreichend. Um Lernprozesse zu initiieren, benötigen die Schüler Motivation, um Leistungen zu erbringen und/oder auf ein persönlich bedeutsames Ziel längerfristig hinzuarbeiten. Die motivationale Orientierung der Schüler ist abhängig von der emotionalen Ausgangslage, den Bedürfnissen, dem Selbstwertgefühl und der Erwartung von Erfolg oder Misserfolg (Deci/Ryan 1993; Hascher 2005; Kuhl 2006; Matthes 2009; Ryan/Deci 2017).

individuelle Werte von Jugendlichen

Obwohl Jugendliche die schulische Bildung als wichtig erachten, bewerten sie das schulische Lernen häufig negativ. Nach Ansätzen der Jugend- und Werteforschung sind dafür vor allem die Werte in Leistung und Wohlbefinden verantwortlich. Der Theorie motivationaler Handlungskonflikte folgend, können unterschiedliche Konstellationen bei der Wertdimensionen zur Erklärung interindividueller Leistungsunterschiede herangezogen werden. Denn mit zunehmendem Alter konkurriert die Lerntätigkeit vermehrt mit anderen potenziellen Aktivitäten, die ein größeres Wohlbefinden versprechen (Beckmann/Heckhausen 2006; Hofer et al. 2005; Scheffer/Heckhausen 2006; Spinath 2011).

Je nach Ausprägung individueller Interessen und Zielorientierungen sowie aufgaben- und situationsspezifischen Anreizen werden Ziele gesetzt. Diese sind zum einen innerhalb der Gruppe der Gleichaltrigen sehr unterschiedlich und stimmen zum anderen nicht unbedingt mit den Zielen der Lehrkräfte überein. So bevorzugen beispielsweise erfolgsmotivierte Schülerinnen Ziele, die ihren früheren Leistungsstand relativ leicht übersteigen. Misserfolgsmotivierte hingegen setzen sich entweder unrealistisch niedrige oder unrealistisch hohe Ziele (Brunstein/Heckhausen 2006; Deci/Ryan 1993; Gnambs/Hanfstingl 2016; Kleinbeck 2006; Krapp/Ryan 2002; Ryan/Deci 2017; Spinath 2011).

„Die Wahrnehmung und Bewertung der eigenen Leistung kann einen entscheidenden Einfluss auf die generelle Erwartungshaltung und Motivation haben" (Lindberg/Hasselhorn 2018, 61).

In Abhängigkeit von Lob und Anerkennung der erbrachten Leistung wird die Selbstwahrnehmung beeinflusst. Wird der Erfolg auf eigene, variable und kontrollierbare Faktoren zurückgeführt, wirkt sich das positiv auf das schulbezogene Selbstkonzept sowie auf die allgemeine Leistungsfähigkeit aus (Bandura 1978, 1982; Heckhausen/Heckhausen 2006; Krapp/Ryan 2002; Mittag et al. 2002; Schwarzer/Jerusalem 2002).

Ein positives Feedback der Lehrkraft zur erbrachten Leistung, das den Schülern verdeutlicht, dass sie ihre Ergebnisse durch Anstrengung und Ausdauer selbst beeinflussen, fördert die Motivation und somit auch das Vertrauen in die eigenen Fähigkeiten.

Handlungssteuerung

Wurde eine Lernhandlung durch ausreichende Motivation initiiert, benötigen Schülerinnen selbstregulative Strategien, um den Lernprozess aufrecht zu erhalten und die Zielerreichung zu überwachen. Der Lernerfolg hängt maßgeblich von den gesteckten Lernzielen und der Fähigkeit der aktiven Steuerung der einzelnen Schritte der Lernhandlung ab. Planung und Selbstbeobachtung des eigenen Handelns, Impulskontrolle, Frustrationstoleranz und die Erregungsregulation nehmen Einfluss auf die Fähigkeit, das eigene Handeln zu steuern (Achtziger/Gollwitz 2006, 2009; Fend 2000; Hasselhorn/Gold 2009; Latzko 2006; Matthes 2009). Selbstregulation kann von außen unterstützt werden, indem die Klarheit der Ziele gesichert, konkretes Feedback zur Einschätzung der eigenen Fähigkeiten gegeben wird sowie die Planung und Sorgfalt bei der Lösung der Aufgabe unterstützt werden. Strategien, die Schülern hier vermittelt werden können, sind beispielsweise die konzentrative Anpassung der Aufmerksamkeit, die Regulierung der Arbeitsgeschwindigkeit und Modellierung einzelner Denkoperationen.

Stopp-Regel und Selbstermutigung

Bei auftretenden Schwierigkeiten hilft die Stopp-Regel. Es geht dann darum, sich zunächst der Analyse der Schwierigkeiten zu widmen und neue Strategien zu finden. Ebenso hilfreich ist die Selbstermutigung (Emmer et al. 2007; Gläser-Zikuda 2007; Kul 2006; Shogren/Wehmeyer 2015).

Zu fragen ist in diesem Zusammenhang, ob sich eine Schülerin selbst beobachten und einschätzen kann, um Lernschwierigkeiten zu erkennen und nach Lösungswegen zu suchen. Reagiert der Schüler schnell und unüberlegt oder besonnen und systematisch? Kann sie ausdauernd und aufmerksam an einem Gegenstand arbeiten? Kann er sich selbst beruhigen oder aktivieren?

Alle diese gedanklichen Vorgänge können durch die Lehr- und Fachkräfte als Modelle vorgelebt werden.

Wenn Schülerinnen und Schüler Schwierigkeiten haben, Aufgaben zu lösen, die für sie zu schwer sind, dann benötigen sie Hilfestellungen bei der Planung einzelner Lernschritte. Die Lehrkraft kann mit Hilfe der direkten Instruktion aufzeigen, wie die Aufgabe bewältigt werden kann. Von der durch den Lehrer gelenkten Aufmerksamkeit werden die Schüler zur eigenständigen Lösung geführt.

komplexe Lernprozesse benötigen Teamarbeit

Aus der skizzierten Komplexität wird deutlich, dass Schwierigkeiten beim Lernen und Arbeiten in der Schule viele Gründe haben können und bei allen Lernenden individuell zusammenwirken. Kommen besondere Beeinträchtigungen für einzelne Schülerinnen hinzu, wird die Förderung noch komplexer. Zusammengefasst lässt sich sagen, eine adäquate Förderung kann nur im Team und in der Zusammenarbeit unterschiedlicher Professionen gelingen.

3 Wie kann Lernförderung im Team gelingen?

Die Arbeit in einem Team aus mehreren Personen, die mit konkreten Schülern zusammenarbeiten, ist für die Förderplanung in zweierlei Hinsicht von Bedeutung. Zunächst gilt es, die Lernausgangslage sowie das Lern- und Arbeitsverhalten eines Schülers so zu beschreiben, dass ein gemeinsames Verständnis der Situation entsteht, ein sogenanntes geteiltes mentales Modell (Cannon-Bowers/Salas 2001; Krauskopf/Knigge 2017). Dieses mentale Modell ist dabei als Bild eines aktuellen Zwischenstands zu verstehen, als eine mehr oder weniger grobe Modellvorstellung von einem Schüler und seinem Unterstützungsbedarf. Dieses wird in Diskussionen besprochen. Dies ist wichtig, um anhand neuer Erfahrungen und Entwicklungen über die Zeit die Modellvorstellungen immer wieder aktiv anpassen zu können und aktuell zu halten.

geteilte mentale Modelle

Wird im Austausch zwischen Fachkräften zum Beispiel deutlich, dass sich eine Schülerin im Klassenzimmer schlecht auf eine Aufgabe konzentrieren kann, bei einer Exkursion jedoch geduldig und aufmerksam Ausstellungsstücke betrachtet und viele Details behalten kann, so greift das „Modell" einer unkonzentrierten Schülerin nicht mehr. Es braucht nun eine gemeinsame andere Idee, wie sich ihr Lern- und Arbeitsverhalten am besten beschreiben lässt. Das bedeutet, ein funktionales mentales Modell ist ein lebendiges Bild, in dem verschiedene Facetten, in diesem Fall der Schülerin, miteinander in Zusammenhang stehen und deren gegenseitiger Einfluss deutlich wird (Johnson-Laird 2001).

Anschließend ist es für die Förderung eines Schülers bedeutsam, Ziele so zu formulieren, dass die Beteiligten auch von diesen ein *geteiltes* Verständnis entwickeln können. Nur so kann gewährleistet werden, dass davon abgeleitete Maßnahmen von allen Beteiligten mitgetragen werden können (Salzberg-Ludwig/Matthes 2011). Ähnliches gilt für die Förderung selbst. Die gemeinsame Analyse der Lernausgangslage und des Lernverhaltens eines Schülers vertieft das Verständnis der einzelnen Teammitglieder. Das gemeinsame Festlegen von Förderzielen und -maßnahmen beeinflusst den Blick auf den Schüler, verändert unter Umständen die Interaktions- und Lernangebote und führt möglicherweise zu neuen Erfahrungen der einzelnen Teammitglieder im Umgang mit ihm.

> **!** **Es ist entscheidend, sich zu vergegenwärtigen, dass andere Teammitglieder eigene und divergierende Erfahrungen machen.**

Erst im Austausch wird deutlich, wo ähnliche und wo unterschiedliche Entwicklungen beobachtet werden. Um das zuvor genannte Beispiel aufzugreifen, könnte die Beobachtung der Schülerin bei der Exkursion zu Verwirrung im Team führen, wenn nur die beobachtende Lehrkraft ihr mentales Modell der Schülerin still für sich anpasst, ohne es zu teilen.

neue Erfahrungen mit geförderten Schülern teilen

Um funktional geteilte mentale Modelle zu entwickeln, ist es nötig, regelmäßig strukturierte Gelegenheiten zur Kommunikation zu schaffen. Das Sprechen über bisherige sowie aktuelle Erfahrungen und Informationen ermöglicht die notwendige Aktualisierung des geteilten Verständnisses über das Lern- und Arbeitsverhalten der Lernenden (Salas et al. 2005). Dies ist insbesondere wichtig, wenn Personen unterschiedlicher fachlicher Hintergründe (Lehrkräfte, Sonderpädagogen, Schulpsychologinnen) zusammenarbeiten oder die Rolle der Beteiligten einen anderen Fokus vorgibt (Fachlehrkraft im Vergleich zur Klassenlehrkraft). Hier können wir davon ausgehen, dass allein aufgrund der professionellen Perspektiven im Umgang mit einem konkreten Schüler unterschiedliche Erfahrungen gemacht werden und diese jeweils zu spezifischen mentalen Modellen führen. Die verschiedenen Fächer bringen ihre eigenen Kulturen mit und vertreten zum Teil auch unterschiedliche Menschenbilder: Für einen steht daher eher die physische und psychische Gesundheit im Vordergrund, für eine andere die solide Beherrschung grundlegender Kulturtechniken.

Grundhaltung multiprofessioneller Kooperation

So notwendig die erfolgreiche Zusammenarbeit in multiprofessionellen Teams für die individuelle Förderung und die Gestaltung inklusiver Bildungsangebote ist, so herausfordernd ist sie auch (Lütje-Klose/Urban 2014; Schwab et al. 2017). Als Grundhaltung überfachlicher, multiprofessioneller Kooperation empfiehlt es sich, das gemeinsame Verständnis des Lern- und Arbeitsverhaltens der Schüler als ein *Puzzle verschiedener Perspektiven* zu verstehen. Die Herausforderung besteht nicht darin, andere Beteiligte von der eigenen Sichtweise zu überzeugen, sondern in der verständlichen Vermittlung der eigenen Perspektive, um diese in ein hilfreiches Bild der Schülerin zu integrieren. In dieses *Puzzle* können und sollten auch die Selbstwahrnehmung der Schülerin und gegebenenfalls die der Mitschüler (Peers) und Eltern beziehungsweise Erziehungsberechtigten eingefügt werden.

BEISPIEL

Frau M. hat das Gefühl, bei Marie mit ihrem „Latein am Ende" zu sein. Im ersten informellen Gespräch mit dem Klassenlehrer Herrn N. erfährt sie, dass er Marie im Unterricht ähnlich erlebt. Die Beschreibungen bleiben jedoch bei einem kurzen Gespräch in der Pause viel zu unkonkret, um daraus Handlungsmöglichkeiten abzuleiten. Die beiden Lehrkräfte sind zwar schon seit ein paar Jahren Kollegen, haben aber nur sporadisch Kontakt und noch nie den Unterricht des jeweils anderen gesehen. Sie wissen nicht, welche Aufgaben und Sozialformen jeweils verwendet werden und wie sich Marie beim dem anderen Kollegen verhält. Wo sollten sie also anfangen, um die Situation zu besprechen? Frau K. schlägt vor, einen festen Gesprächstermin zu vereinbaren und dann das Struktur-Lege-Verfahren (FiT-S) einzusetzen. Sie möchte mit Hilfe des Verfahrens strukturiert vorgehen, um alle wichtigen Aspekte bedenken zu können. So sollen am Ende konkrete Ideen zur Förderung von Marie entstehen.

Selbstwahrnehmung der Schüler beachten

Die Erfahrung zielloser Meetings und Besprechungen kann selbst Gruppen mit großem Potenzial ermüden und scheitern lassen (Barron 2003; Rogelberg et al. 2006). Die Erfahrung zielführender Zusammenarbeit hingegen, die durch eine gute Formulierung von Zielen, Teilzielen und Aufgabenkoordination sowie von regelmäßiger, gut strukturierter Kommunikation geprägt ist, wirkt entlastend und motivierend (Salas et al. 2005). So kann also eine gut angeleitete gemeinsame Förderplanung langfristig zu besseren Arbeitsbedingungen führen.

kooperatives Lernen

Wie hilft nun ein Instrument wie Fit-S bei der kooperativen Förderplanung? Die Kernannahme, warum die Arbeit mit konkreten Karten und Visualisierungen das gemeinsame Denken unterstützt, basiert auf Theorien und Befunden des kooperativen Lernens (Dillenbourg 1999). Neben den zuvor genannten Aspekten der Formulierung gemeinsamer Ziele, Koordination von Aufgaben und Kommunikation über Perspektiven und Vorstellungen zeigt die Forschung zum kooperativen Lernen, dass das Erstellen gemeinsamer Visualisierungen (Artefakte) in Gruppen die nötige Diskussion über Unklarheiten anregt (Zahn 2009). Gleichzeitig kann diese Diskussion über die Form der Visualisierung strukturiert werden (Suthers/Hundhausen 2003; Zahn et al. 2010, 2012).

FiT-S als Denkwerkzeug

In diesem Sinne ist das vorliegende Instrument FiT-S ein Denk-Werkzeug, das die Kommunikation unterschiedlicher Akteure der Schule, die mit einer Schülerin arbeiten, leitet. Die Klassenlehrkraft, Fachlehrkräfte, Sonder- und Sozialpädagoginnen, Integrationshelfer und externe Experten wie Schulpsychologen können sich in diesen Denkprozess einbringen. Der getaktete Ablauf und die inhaltliche Fokussierung durch die Analysekarten strukturieren das Gespräch so, dass alle wichtigen Aspekte besprochen werden – unabhängig von der Gruppenzusammensetzung – und dass die Fokussierung gemeinsam erfolgt. Neben dem direkten Effekt der Vorbereitung konkreter Fördermaßnahmen ergibt sich ein indirekter Effekt – und zwar die positive Erfahrung einer strukturierten Integration verschiedener fachlicher Perspektiven auf den Schüler und die Lernsituation.

ZUSAMMENFASSUNG

Kooperation unterschiedlicher Fachkräfte in einem Team ist Voraussetzung und Ziel guter Förderplanung. Dabei ist erfolgreiche Kooperation durch ein geteiltes Verständnis der gemeinsamen und individuellen Aufgaben sowie der Perspektiven und Kenntnisse der Teammitglieder untereinander gekennzeichnet. Dazu kommt, dass erfolgreiche Teams regelmäßig und strukturiert über Aufgaben und unterschiedliche Perspektiven kommunizieren, damit das gemeinsame Verständnis gesichert wird und aktuell bleibt.

3.1 Kooperation von Lehrkräften in der Sekundarstufe

Der derzeitige Forschungsstand zur Kooperation unter Lehrkräften stellt sich im Allgemeinen so dar, dass in repräsentativen Befragungen Lehrkräfte vornehmlich eine positive Einstellung zur Zusammenarbeit mit Kolleginnen haben, darunter jedoch zumeist den Austausch von (Unterrichts-)Materialien verstehen (Hellmich et al. 2017; Richter/Pant 2016). Komplexere Formen der Zusammenarbeit, die Gräsel und Kollegen (Gräsel et al. 2006) als *Kokonstruktion* bezeichnen und die auch das Arbeiten in fächerübergreifenden Teams an gemeinsamen Zielen beinhaltet, sind hingegen selten.

3.1.1 Barrieren

Der Mangel an festen Zeiten und Rückzugsräumen, in denen auch fachübergreifend die Zusammenarbeit in einem Team stattfinden kann, stellt an vielen Schulen eine Barriere für die gemeinsame Förderplanung dar. Es ist jedoch nur eine Barriere, die sich zudem durch Improvisation überwinden lässt. So zeigen Richter und Pant (2016) in ihrer Studie nämlich auch, dass an Schulen, die inklusiv arbeiten, mehr und häufiger im Sinne der Kokonstruktion zusammengearbeitet wird, auch unabhängig davon, ob feste Zeiten und Räume vorhanden sind. Fit-S kann keine Abhilfen für mangelnde Ressourcen bieten. Daher sollen hier kurz Barrieren auf der psychischen und sozialen Ebene angesprochen werden, denen mit einer Strukturierung gemeinsamer Planung, zum Beispiel mit FiT-S, begegnet werden kann.

Ein bedeutender Faktor für die Lösung komplexer Probleme – und die Förderplanung für Schüler im Team ist ein solches – ist ein umfassender Informationsaustausch sowie die kommunikative Absicherung des gegenseitigen Verständnisses durch Fragen und Feedback. Hinzu kommt, dass das Ausmaß an Vertrauen, das im Team herrscht, eine wichtige Rolle dabei spielt, wie und welche Informationen geteilt werden (Engelmann et al. 2014; Frey 2000).

Gruppendenken und Verantwortungsdiffusion

Findet ein unstrukturierter Austausch zwischen Kollegen statt, kann sich schnell das sogenannte *Gruppendenken* einstellen. Im Gespräch werden bald nur noch Informationen und Erfahrungen berichtet, die das bestehende Bild der Schülerin bestätigen und ähnlich zu Aussagen sind, die bereits getätigt wurden. Informationen über die Schülerin, die unpassend erscheinen, werden zurückgehalten. Dabei ist dies keine absichtliche Unterschlagung, sondern ein menschliches Gruppenphänomen. Hinzu kommt – und mit wachsender Gruppengröße steigt die Wahrscheinlichkeit – dass es zur *Verantwortungsdiffusion* kommt. Wird keine konkrete Verantwortung festgelegt, verlassen sich die Beteiligten darauf, dass jemand anderes die Verantwortung und Initiative übernehmen wird, so dass es am Ende niemand macht.

In Hinblick auf das *Vertrauen* im Team stellen sich zwei gegenläufige Herausforderungen. Kommt es zu häufigen Wechseln oder kennen sich die Beteiligten kaum, kann das Verhalten anderer Beteiligter noch nicht gut eingeschätzt werden und es ist zunächst nötig, Vertrauen im Team aufzubauen (Frey 2000). Ist ein Team hingegen sehr vertraut und schont sich gegenseitig in kollegialer Weise (Bondorf 2012; Engelmann et al. 2014), entsteht das Risiko, dass nicht genau nachgefragt wird, kritische Informationen zurückgehalten werden und die Beteiligten ein gegenseitiges Verständnis annehmen, ohne es kommunikativ herzustellen.

Häufige Wechsel im Team können – genau wie eine zu vertraute Atmosphäre und gegenseitige Schonung – verhindern, dass alle wichtigen Informationen ausgetauscht werden.

3.1.2 Gelingensbedingungen

Neben dem positiven Einfluss klarer räumlicher und zeitlicher Bedingungen zeigen Theorie und Praxis, dass die Arbeit in kontinuierlichen Teams langfristig eine hilfreiche Strategie darstellt. Hierbei fördert nicht zuletzt die Unterstützung durch die Schulleitung samt Delegation von Entscheidungsbefugnissen die Zusammenarbeit von Lehr- und Fachkräften (Ainscow/Sandill 2010; Stähling/Wenders 2015).

Communities of Practice

Mit Zusammenarbeit ist hier gemeint, dass gemeinsame Ziele gesetzt und verfolgt werden. Personen, die diese Ziele miteinander aushandeln und den Fortschritt verfolgen, bilden dann eine sogenannte *Community of Practice*. Diese arbeitet so lange eng zusammen, bis das gemeinsame Ziel so weit erreicht ist, dass es notwendig wird, neue Ziele gemeinsam festzulegen. Es ist also hilfreich, die Förderplanung und deren Umsetzung für einzelne Schüler als Arbeit einer Community of Practice zu verstehen. Sie ist auf bestimmte Zeiträume ausgerichtet. Es empfiehlt sich, hier regelmäßig zu reflektieren, ob für ein Anschlussziel weitere Personen in die Arbeit einbezogen werden sollten und andere ausscheiden.

Co-Teaching

Etwas anders gelagert ist das Gelingen gemeinsamen Unterrichtens. Studien zeigen, dass die Zusammenarbeit mehrerer Lehrkräfte *im* Unterricht ganz unterschiedliche Formen annehmen kann (Friend et al. 2010). Dies mag trivial klingen, aber unterschiedliche Arrangements bedeuten unterschiedliche Aufträge an die Beteiligten und entsprechende Erwartungen. Einigen sich zum Beispiel zwei Lehrkräfte auf ein kollegiales Hospitationsformat („one teaches, one observes") erzeugt es große Verunsicherung und unter Umständen Missmut, wenn die Kollegin ohne neue Absprache in den Unterricht einbezogen wird beziehungsweise eingreift. Es ist maßgeblich, dass das Format der Zusammenarbeit passend zum gemeinsamen Vorhaben gewählt und anschließend reflektiert wird, wie die Umsetzung aus den Perspektiven der Beteiligten gelungen ist.

ZUSAMMENFASSUNG

Überfachliche und kontinuierliche Zusammenarbeit ist ein komplexes Unterfangen, wobei die kommunikative Rückkopplung ein zentrales Prozessmerkmal ist. Hierbei ist es wiederum wichtig, dass strukturierte Austauschformate geboten werden, die typische Fallstricke wie Gruppendenken, mangelndes oder blindes Vertrauen überwinden helfen. FiT-S bietet daher mit den Analysekarten ein Vorgehen an, um bei jeder Förderplanung alle wichtigen Aspekte und ihre gegenseitigen Einflüsse für das Lernen von Schülern zu bedenken. Es sollte immer mit bedacht werden, dass auch die ideelle Unterstützung durch die Schulleitung einen positiven Einfluss auf Kooperationserfahrungen hat.

3.2 Multiprofessionelle Kooperation in inklusiven Bildungssettings

3.2.1 Spezifische Barrieren

An dieser Stelle soll der Aspekt der Zusammenarbeit unterschiedlich qualifizierter Fachkräfte für den inklusionsorientierten Unterricht herausgegriffen werden. Empirische Studien zeigen eindeutig, dass die Anwesenheit zweier oder mehr Erwachsener im Unterricht per se keine Ressource darstellt, sondern bei fehlender Kommunikation und Koordination der zielbezogenen Teilaufgaben zu einem Hindernis werden kann. Dies trifft auf die Zusammenarbeit zwischen Fachlehrkräften und Sonderpädagogen genauso zu wie auf die Einbindung von Personen, die einzelne Schülerinnen mit schwereren Beeinträchtigungen im und außerhalb des Unterrichts unterstützen und begleiten, wie zum Beispiel Schulbegleiterinnen oder Integrationshelfer (übergreifend auch *Paraprofessionelle* genannt, wobei die Nomenklatur im Einzelnen zwischen den Bundesländern variiert) (Giangreco et al. 2010; Jurkowski / Müller, 2018). Fehlen klar verabredete Rollen, kann es zu absurd anmutenden „hilflosen“ Reaktionen der Fachkräfte kommen, die dann beispielsweise lesen oder Handarbeiten ausführen, um den Unterricht nicht zu stören (Heinrich / Lübek 2013).

Eine mangelnde Kommunikation und Koordination zwischen Fachkräften unterschiedlicher Professionen wird von Schülern bewusst wahrgenommen. Ungenaue Absprachen und somit eine gewisse Orientierungslosigkeit der Fachkräfte mindert deren Bereitschaft zur Zusammenarbeit und fördert eine passive Anpassung an die Umgebung.

3.2.2 Gelingensbedingungen

Ganz allgemein gilt, dass die Beteiligung unterschiedlicher professioneller Perspektiven eine Voraussetzung für die Lösung komplexer Probleme bietet, so zum Beispiel auch bei dem Vorhaben, eine adäquate Förderung zu planen. Mit diesem Vorteil unterschiedlicher Perspektiven geht die Anforderung einher, ein ausreichendes Maß an wechselseitigem Verständnis und wechselseitiger Verständlichkeit für alle Beteiligten zu sichern. Die Forschung, die sich mit Fragen der gemeinsamen Lösung komplexer Aufgaben und der Optimierung der Zusammenarbeit in Teams beschäftigt, bietet hierzu folgendes Modell: Optimale Voraussetzungen für gute Lösungsansätze und hohe Motivation aller Beteiligten ergibt sich aus einem ausreichenden Maß an Unterschiedlichkeit der professionellen Expertise bei gleichzeig mittlerem Maß an Übereinstimmung derselben (Cress / Kimmerle 2008; Scholl 2005). Es ist also wichtig, dass in der multiprofessionellen Zusammenarbeit auch darüber gesprochen wird, wer welchen Erfahrungshintergrund hat, wie einzelne Begriffe und Fachtermini verstanden werden und was das konkret für die Förderplanung bedeutet. Eine Psychologin oder ein Sozialpädagoge, die bisher wenig mit dem Schulkontext zu tun hatten, benötigen also eventuell Informationen über Schulgesetze oder die Schulorganisation. Lehrkräfte, die zum ersten Mal in Kontakt mit einer Lerntherapeutin kommen, benötigen hingegen eher Hinweise, was eine Lerntherapie konkret beinhaltet und wie sie sich von Nachhilfe im Detail unterscheidet.

Schulsozialarbeit als Dreh- und Angelpunkt

Die Kooperation mit Schulsozialarbeit ist hier ein interessantes Beispiel, das sich auf unser allgemeineres Verständnis von Inklusion bezieht. Insgesamt gibt es positive Befunde dazu, dass Sozialarbeit an Schulen eine Öffnung der Schule für die Lebensrealität der Schülerinnen ermöglicht, allgemein zu einem besseren Schulklima beiträgt und Kinder und Jugendliche, die weniger Ansprechpartner unter Gleichaltrigen und in der Familie finden, besser eingebunden werden können. Gleichzeitig kommen hier Befunde aus dem Bereich von Ganztagsschulen zu dem Schluss, dass Schwierigkeiten in der Kooperation aus unterschiedlichen Kooperationsansätzen, Bildungsidealen und Lernmethoden der verschiedenen Akteure resultieren (Olk/Speck 2012).

ZUSAMMENFASSUNG

Bei der Zusammenarbeit zwischen Fachkräften verschiedener Professionen sollte man darauf achten, dass eine gemeinsame Sprache entwickelt wird. Diese bildet die Basis, um Unterschiede in den Herangehensweisen im Umgang mit den Kindern und Jugendlichen fruchtbar zu machen. Hierbei ist vor allem zu beachten, dass die einzelnen eingebrachten Sichtweisen nicht nebeneinander gestellt und dann parallel umgesetzt werden. Vielmehr sind integrative, zu den Bedürfnissen der konkreten Schüler vor Ort passende Konzepte das Ziel. Multiprofessionelle Zusammenarbeit bedeutet also nicht, sich darauf zu verlassen, dass jemand anderes „das Problem" schon lösen wird, sondern die gemeinsame Suche nach guten Lösungen, bei denen die Gesamtheit der Einzelexpertisen im günstigen Fall mehr und anderes ergibt als deren Summe .

4 FiT-S – Wir planen individuelle Fördermaßnahmen im Team

Um Teams an Schulen bei der individuellen Förderung von Lernenden in heterogenen Lerngruppen zu unterstützen, gibt es im Jahr 2019 unterschiedliche Konzepte. Diese fokussieren entweder auf den Primarstufenbereich (zum Beispiel Domsch/Krowatschek 2017; Heimlich et al. 2018; Matthes 2009, 2018), fußen auf sehr detaillierten Vorgaben zur Diagnostik (ICF, zum Beispiel Bölte 2009; Schuntermann 2009) oder konzentrieren sich vorwiegend auf die Strukturierung des kooperativen Planungsprozesses (zum Beispiel Flott-Tönjes et al. 2018; Melzer 2014; Mutzeck/Jogschies 2007). Das bedeutet, dass diese Instrumente eher Spezifika der Primarstufe abbilden sowie entweder eine detaillierte Schulung zur Anwendung und/oder eine umfängliche inhaltliche Vorbereitung seitens der beteiligten Lehr- und Fachkräfte verlangen.

Kernelemente von FiT-S

FiT-S bietet Anleitung für einen strukturierten Prozess der gemeinsamen Förderplanung, bei dem durch Analysekarten und Strukturkarten sichergestellt wird, dass auch ohne Vorbereitung die zentralen Aspekte des Lern- und Arbeitsverhaltens von Schülern in der Sekundarstufe berücksichtigt werden. Im Ergebnis eines FiT-S Planungsgesprächs werden wenige, aber konkrete Förderziele formuliert, die von allen Beteiligten mitgetragen werden. Ergänzend bietet das vorliegende Manual Anregungen, wie diese Ziele zeitnah in Förder- und Unterstützungsmaßnahmen im Unterricht umgesetzt werden können (Kap. 5). FiT-S ist theoretisch fundiert (Kap. 2 u. 3) und empirisch erprobt (Kap. 6). Mittels vorgegebener Phasen ermöglicht das Manual konkrete Fallgespräche, die ohne großen vorherigen Aufwand im Team aus Lehr- und Fachkräften der Sekundarstufe unmittelbar in der Schule vor Ort geführt werden können.

FiT-S fördert die Kooperation im Team

Eine intensive kooperative Zusammenarbeit, wie FiT-S sie unterstützt, bringt mit sich, dass die Kolleginnen und Kollegen eigene und fremde Perspektiven besser kennenlernen und darüber reflektieren. Die Arbeit mit FiT-S gelingt also umso besser, je interessierter sich die Beteiligten gegenüber der Erweiterung der eigenen Kompetenzen zeigen und je offener sie gegenüber der gemeinsamen Bewältigung von Konflikten bei der Diskussion der Förderung der jeweiligen Schüler sind. Da FiT-S in einem kooperativen Setting eingesetzt wird, ist es elementar, dass alle Beteiligten gleichwertig agieren können. Hieraus ergibt sich die Notwendigkeit, zu Beginn eines Gesprächs einen Moderator festzulegen, der auf Redeanteile und die Zeit achtet. Durch die Fokussierung auf die Karten und die Visualisierung in der gelegten Struktur entfällt die Aufgabe, ein Protokoll zu führen. Das bedeutet, dass auch die moderierende Person sich inhaltlich beteiligen kann. Das Interesse am gemeinsamen Agieren und Unterstützen sowie eine wertschätzende Grundhaltung gegenüber allen Beteiligten bilden die Grundlage für das Arbeiten in jedem kooperativen Setting und somit auch bei der Durchführung des Instruments FiT-S (Mutzeck 2005; Salzberg-Ludwig/Matthes 2011). Darauf aufbauend können angemessene Lösungen für die individuellen Problemlagen der Schülerinnen entwickelt werden.

FiT-S wird durch eine der beteiligten Personen moderiert. Durch das verwendete Material entfällt das Führen eines Protokolls, sodass sich auch die moderierende Person inhaltlich beteiligen kann. Eine detaillierte Vorbereitung entfällt somit.

Aufbau und Funktionsweise von FiT-S

Wie in Kapitel 3 dargestellt, birgt Kooperation unter Lehrkräften ein großes Potenzial. Schwierige Kommunikation, unterschiedliche Fachsprache und unklare Ziele können verhindern, dass dieses Potenzial genutzt wird. Daher beginnt FiT-S in der ersten Phase mit einem Brainstorming zu den Schwächen und insbesondere auch zu den Stärken der Schülerin, für die eine Förderung geplant werden soll. Dies ist eine wichtige „Erwärmung“, um sich auf das konkrete Lern- und Arbeitsverhalten der Schülerin einzustimmen. Die Anleitung durch FiT-S lässt schrittweise ein besseres Verständnis bei den Beteiligten entstehen und macht die Umstände und die individuelle Dynamik dadurch klarer (Kap. 6). In der zweiten Phase fokussieren die FiT-S-Karten die Beschreibung der konkreten Lage des Schülers entsprechend der vorgeschlagenen Einflussfaktoren schulischen Lernhandelns:

- domänenspezifische Kompetenzen,
- grundlegende fächerübergreifende Kompetenzen,
- Motivation,
- Handlungssteuerung sowie
- soziale Beziehungen und Umwelteinflüsse.

Die beteiligten Lehr- und Fachkräfte diskutieren darüber, welche Bedeutung der jeweilige Aspekt im Fall des konkreten Schülers hat. Diese Anleitung der Diskussion wird über die Analysekarten vermittelt und unterstützt die Beteiligten dabei, ihre vielfältigen Kompetenzen und Perspektiven einzubringen. Gleichzeitig entsteht eine gemeinsame Sprache zur Beschreibung des Schülers sowie dessen Lernverhalten.

maximal zehn problematische Aspekte

Die Notwendigkeit, sich auf maximal zehn problematische Aspekte zu einigen, erzeugt dabei die erste Version eines gemeinsamen Verständnisses. Die Beteiligten verständigen sich auf Kern-Charakteristika des Lern- und Arbeitsverhaltens der einzelnen Schülerin. Gleichzeitig befördert die Anerkennung der unterschiedlichen professionellen Perspektiven eine Vertrauensbasis für die weitere Arbeit.

Die Beschreibung der Lernausgangslage anhand der FiT-S Karten fördert die Entwicklung einer gemeinsamen professionellen Sprache.

In der dritten Phase wird das erste gemeinsame Verständnis vertieft, indem die identifizierten Kern-Einflussgrößen in Beziehung zueinander gebracht werden. Das bedeutet, dass sich die gemeinsame Diskussion nun darauf konzentriert, welche Aspekte sich gegenseitig beeinflussen, befördern, hemmen, überbetont werden oder unbeachtet bleiben. In diesem Schritt können Beobachtungen und Erfahrungen der Beteiligten mit der Schülerin eingebracht und in eine (!) Struktur integriert werden. Durch die zur Verfügung stehenden *Strukturkarten* (zusätzliche Karten mit Pfeilen und weiteren Symbolen) wird dieser Austausch erneut fokussiert. Die identifizierten inhaltlichen Schwerpunkte aus der zweiten Phase bleiben also nicht einfach aufgelistet, sondern werden in eine Darstellung überführt, wie Lernen im Falle des einzelnen Schülers funktioniert beziehungsweise eben nicht gelingt. Dies geschieht durch gemeinsame Überlegungen, wie die ausgewählten inneren und äußeren Faktoren auf die jeweiligen Schülerinnen wirken. Weiterhin sichert FiT-S ab, dass die gemeinsam erarbeiteten Ziele und Maßnahmen für die jeweilige Schülerin auch im Schulalltag von allen Beteiligten getragen und mit vorhandenen Ressourcen umgesetzt werden können.

Die Visualisierung der identifizierten, relevanten Einflüsse auf das Lernen des Schülers ermöglicht ein Verständnis, wie Lernen im konkreten Fall funktioniert oder immer wieder misslingt.

Ähnlich wie das für die Grundschule entwickelte Struktur-Lege-Verfahren (Matthes 2009, 2018) ermöglicht FiT-S also sowohl die Analyse individueller Lernausgangslagen als auch die Entwicklung von Zielen und Maßnahmen zur individuellen Lernförderung. Zudem können in dem kooperativ angelegten Setting die einzelnen konkreten Tätigkeiten zur Unterstützung der Förderung koordiniert werden (Salzberg-Ludwig/Matthes 2011; Voß et al. 2014). FiT-S ist auch präventiv einzusetzen, um die Arbeit mit auffälligen Schülerinnen zu unterstützen. Durch die Ableitung konkreter Ziele und Maßnahmen wird es möglich, frühzeitig die Unterrichtsgestaltung individuell anzupassen.

ZUSAMMENFASSUNG

Die Erarbeitung einer *gemeinsamen* Grundlage zur Förderung von Schülerinnen und Schülern bildet den Kern von FiT-S. Die Verwendung der Analyse- und Strukturkarten stellt dabei sicher, dass auch bei unterschiedlicher Teambesetzung und wechselnden Expertisen alle lernrelevanten Aspekte in den Blick genommen und deren wechselseitigen Einflüsse abgebildet werden .

4.1 FiT-S vorbereiten

Rahmenbedingungen schaffen

In Vorbereitung einer Teamberatung zur Förderplanung gilt es zunächst ganz allgemein, die entsprechenden personellen, materiellen sowie organisatorischen Rahmenbedingungen zu schaffen (Mutzeck 2005; Salzberg-Ludwig/Matthes 2011).

Klären Sie zuerst folgende Fragen:

- Wo findet das Gespräch statt? An welchem Ort sind wir für die benötigte Zeit ungestört?
- Wann findet das Gespräch statt?
- Wie lange soll es dauern, 90 oder 45 Minuten?
- Wer nimmt teil und können alle in der festgelegten Zeit tatsächlich anwesend sein?
- Was benötigen Sie zusätzlich zu den FiT-S-Materialien, zum Beispiel Stifte, Papier, evtl. Blanko-Karten, Fotokamera zur Dokumentation?

Sind diese Fragen geklärt, wird eine Person festgelegt, die fortan durch das Gespräch führt. Dies kann im Prinzip jeder Beteiligte sein, jedoch hat es sich bewährt, wenn die Klassenlehrkraft, die Sonderpädagogin oder – falls möglich – eine qualifizierte externe Person, zum Beispiel ein Schulpsychologe, diese Aufgabe übernimmt.

Rolle der Moderation

Die Rolle der moderierenden Person wird jedes Mal fallbezogen festgelegt und kann von Gespräch zu Gespräch auch bei gleicher Team-Zusammensetzung variieren. Die Moderatorin achtet darauf, dass die individuellen Perspektiven aller Beteiligten erfasst werden. Die aufeinander aufbauenden Phasen von FiT-S geben dabei die grundlegende Orientierung. Das bedeutet, die Hauptaufgabe der Moderation ist es, darauf zu achten, dass alle Beteiligten ihre Perspektive in jeder Phase einbringen können und gehört werden. Das bedeutet nicht, dass jeder zu einer Aussage gedrängt werden sollte! Verfügt die moderierende Person über zusätzliche Informationen, kann sie das Gespräch aktiv lenken. Verfügt sie über ausgewiesene Gesprächsführungskompetenzen, zum Beispiel spezielle Fragetechniken, sollte sie diese in die Gestaltung der Rolle einfließen lassen. Eine weitere wichtige Aufgabe besteht darin, über die Einhaltung der zeitlichen Begrenzung der einzelnen Phasen zu wachen (Abb. 2).

nach dem Brainstorming

Nach dem Brainstorming zum Einstieg unterstützen in der zweiten und dritten Phase die FiT-S-Karten die Beteiligten bei der Analyse des aktuellen Lern- und Arbeitsverhaltens des Schülers. Das bedeutet, dass es für die Vorbereitung lediglich notwendig ist, die Materialien bereitzulegen und sich den Ablauf zu vergegenwärtigen, um von einer Phase in die nächste überzuleiten. Dies kann durch ein vorheriges Durchschauen der Analysekarten und Strukturkarten ergänzt werden. Ein grober Überblick über die inhaltlichen Aspekte, der durch die Karten vorgegeben wird, kann helfen, die Diskussion zu leiten. Beginnen die Beteiligten anhand einer Karte, zum Beispiel zu den Lesekompetenzen, Aspekte zu diskutieren, die sie zusätzlich ansprechen möchten (zum Beispiel Rechenkompetenzen), ist es hilfreich, wenn die Moderation aufgrund ihres Überblicks in der Lage ist, darauf zu verweisen, dass hierzu eine eigene Karte existiert. Sind die Beteiligten mit FiT-S vertraut, entfällt die inhaltliche Vorbereitung gänzlich.

ZUSAMMENFASSUNG

Die Unterstützung der Analyse durch die inhaltlich strukturierenden Karten stellt den Kern von FiT-S dar. Das Ergebnis ist ein fokussiertes und gleichzeitig differenziertes Bild des Lernhandelns der jeweiligen Schülerin. Dieses bildet eine realistische Grundlage, um darauf aufbauend konkrete individuelle Förderziele zu formulieren und Maßnahmen für die zeitnahe Umsetzung abzuleiten.

4.2 FiT-S durchführen

Wie im schematischen Ablauf in Abb. 2 dargestellt, umfasst der Förderplanprozess mit FiT-S fünf aufeinander aufbauende Phasen. Dabei beschreiben die Phasen 1 bis 4 die Arbeit mit FiT-S im engeren Sinne (90-minütiges Gespräch oder 45-minütiges Kurzgespräch) und Phase 5 die Überprüfung der Umsetzung der abgeleiteten Maßnahmen und die Entwicklung hin zur Erreichung der Förderziele nach einem Zeitraum ab sechs Wochen. Die Erläuterung der einzelnen Phasen wird im Folgenden durch das Fallbeispiel von Luca veranschaulicht.

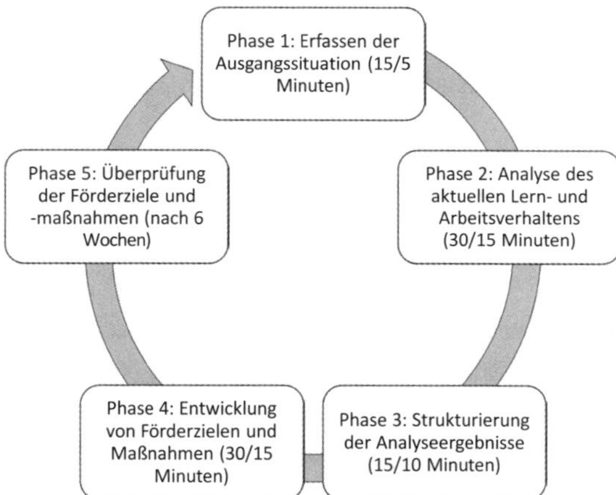

Abb. 2: Schematischer Ablauf eines Fallgesprächs mit FiT-S (inkl. Zeitangaben zur Orientierung in der Langversion / Kurzversion)

4.2.1 Erfassen der Ausgangssituation (Phase 1)

Einleitend klärt die Moderation die Rahmenbedingungen des Gesprächs. Dazu gehört, den Schüler zu benennen, um den es gehen soll, den Ablauf der Arbeit mit FiT-S zu erläutern und den zur Verfügung stehenden zeitlichen Rahmen zu klären. Dann wird zur ersten Phase des Prozesses übergeleitet.

konkrete Stärken sammeln

Die beteiligten Lehr- und Fachkräfte werden eingeladen, ihre Wahrnehmung des gegenwärtigen Lern- und Arbeitsverhaltens des Schülers zu beschreiben. Die Moderation achtet bei diesem Brainstorming darauf, dass vor allem Beobachtungen in konkreten Situationen geschildert werden. Was haben die Beteiligten im Hinblick auf das Lernverhalten im Fachunterricht, was außerhalb des Unterrichts erlebt? Was ist über Verhalten, Umstände und Aktivitäten außerhalb der Schule bekannt? Was ist unbekannt? Für die Moderation ist es wichtig, darauf zu achten, dass auch Stärken der Schülerin beschrieben werden. Welche positiven Erlebnisse haben die Beteiligten zu berichten? Dies ist besonders wichtig! Nur, wenn auch das gemeinsame Wissen über die Ressourcen der Schülerin (in sich und/oder im Umfeld) gestärkt wird, können im späteren Verlauf des Planungsprozesses realistische Ziele und umsetzbare Maßnahmen formuliert werden. Die jeweiligen Einschätzungen können dann in der Vorlage „Einschätzung der Lerntätigkeit" (Kopiervorlage 1) protokolliert werden.

Unterstützende Leitfragen bei der Moderation:

- Welche konkreten Situationen können beschrieben werden, in denen das problematische beziehungsweise erfolgreiche Verhalten deutlich wird?
- Wie häufig und in welchem Umfang treten problematisches beziehungsweise erfolgreiches Verhalten auf?
- Wer ist an den beschriebenen Situationen beteiligt?
- Welche Unterstützung durch andere Schüler, Lehrkräfte Eltern wurde beobachtet? Welche Potenziale können hier genutzt werden?
- Was kann das Kind gut, welche Ressourcen hat es?
- Welche Interessen hat das Kind, die als positive Verstärker eine Grundlage zur individuellen Förderung bilden können?

Während die genannten problematischen Verhaltensweisen bereits einen ersten Einblick in die Analyse der Stärken und Schwächen der Schülerin geben können (Phasen 2 und 3), dienen die gesammelten Stärken und Beispiele von (auch kleinen) Erfolgen als wichtige Ressource für die später festzulegenden Förderziele und -maßnahmen (Phase 4).

Vorlage 1 Datum:__________

Einschätzung der Lerntätigkeit

Name des/der Schülers/in:________________________ Klassenstufe:__________

Stärken	Schwächen

Kopiervorlage 1: Einschätzung der Lerntätigkeit

Der kurze Austausch über konkrete Situationen, die mit dem Kind erlebt wurden, macht erste Problemfelder deutlich *und* zeigt vorhandene Stärken und potenzielle Ressourcen auf. Die Stärken der Schülerin zu kennen, ist für die Formulierung von Zielen und die Ableitung von Maßnahmen zentral.

Vorlage 1 Datum:__________

Einschätzung der Lerntätigkeit

Name des/der Schülers/in: Luca Klassenstufe: 7

Stärken	Schwächen
– mittlerweile gut in Klasse und Schule integriert – fragt bei Unverständnis nach → allerdings nur bei einer sehr guten Schüler-Lehrer-Beziehung – deutliche Sprache – aktiv im Pausengeschehen – offensiveres Wahrnehmen repräsentativer Aufgaben – nimmt Hilfe an	– sehr geringe Arbeitsgeschwindigkeit und Verarbeitungsfähigkeit – geringe Konzentrationsfähigkeit – sehr unsicheres Auftreten, zurückhaltend → sehr geringes Selbstbewusstsein, wobei sich dieses mittlerweile gesteigert hat – Lesetechniken – Mathe – Aufgabenverständnis – Rechtschreibung – körperliche Befindlichkeiten → Vermeidungsstrategie? – Aktivierung bekannten Wissens (z.B. Vergessen alter Vokabeln)

Abb. 3: Fallbeispiel zur Einschätzung der Lerntätigkeit

BEISPIEL

In Phase 1 berichten die im Kreis sitzenden Lehr- und Fachkräfte, dass Luca sehr lange für die Bearbeitung von Aufgaben benötigt (Abb. 3). Sie fragen sich immer wieder, wie viel Luca von den Inhalten überhaupt verarbeitet. Ein Kollege berichtet, dass er immer wieder erlebt, dass Luca schon die Aufgabenstellung nicht verstehe. Die Fremdsprachenlehrerin beschreibt, dass Luca auch bekannte Vokabeln nicht aktivieren könne. Luca lasse sich schnell ablenken und bleibe nur wenige Minuten auf eine Aufgabe konzentriert. Hinzu kommen Probleme in den Bereichen Mathematik, Rechtschreibung sowie allgemein beim sinnentnehmenden Lesen. Weiterhin vermuten die beteiligten Lehr- und Fachkräfte, dass Luca in schwierigen Situationen körperliche Befindlichkeiten vortäuscht, um sich diesen entziehen zu können. Alle erleben aber auch, dass Luca nachfragt, wenn Aufgaben unverstanden bleiben oder Probleme bei der Aufgabenbewältigung aufkommen. Entsprechende Unterstützungsangebote nimmt Luca gut an. Die Aussprache ist deutlich und auch sonst ist das Sprachvermögen gut ausgeprägt. Luca übernimmt gerne repräsentative Aufgaben und ist in den Pausen aktiv und mit anderen Kindern im Kontakt. Die Beteiligten haben den Eindruck, als sei Luca sozial insgesamt gut integriert.

4.2.2 Analyse des aktuellen Lern- und Arbeitsverhaltens (Phase 2)

Nun kommen die 33 Analysekarten ins Spiel. Diese basieren auf dem in Kapitel 2 skizzierten Modell von Lernhandlungen im schulischen Kontext. Daher sind diese in fünf Dimensionen von Einflussgrößen unterteilt, die farbig markiert sind (Kasten: Übersicht Analysekarten). Diese Dimensionen wurden sowohl in der Forschung immer wieder als wichtige Einflussgrößen extrahiert als auch in Gesprächen mit Expertinnen und Experten bestätigt.

Arbeit mit den Karten

Dadurch, dass für jeden einzelnen Schüler gemeinsam die Bedeutung der einzelnen Dimensionen diskutiert und in ein Gesamtbild eingeordnet wird, ermöglicht dies eine gewisse Objektivität. Die persönlichen Beobachtungen und Erfahrungen der Beteiligten ergänzen an dieser Stelle das ganzheitliche Bild der Schülerin. Gleichzeitig ist es möglich, inhaltliche Problemschwerpunkte für jeden Einzelfall zu identifizieren, da die Karten geordnet und maximal zehn (fünf bei der Kurzversion) jeweils passend ausgewählt werden. Die Ableitung der Förderziele und -maßnahmen erfolgt dadurch konkreter.

Die fünf Dimensionen des Lernhandlungsmodells sind farblich markiert, sodass die Erfassung der charakteristischen Einflussfaktoren für den jeweiligen Schüler visuell unterstützt wird. So gehören beispielsweise alle „roten Karten“ in die Dimension der domänenspezifischen Kompetenzen. Dazu zählen also Inhalte des Fachs Deutsch, Kompetenzen in der Fremdsprache sowie in mathematisch-naturwissenschaftlichen und gesellschaftswissenschaftlichen Fächern.

Übersicht Analysekarten:

- Karten D1-6 (rot): domänenspezifische Kompetenzen, wie zum Beispiel Naturwissenschaften, Fremdsprache oder Deutsch
- Karten G1-13 (gelb): grundlegende fächerübergreifende Kompetenzen, wie zum Beispiel Lesetechniken, Sozialverhalten, zielgerichtetes Verfassen von Texten oder das zielgerichtete Anwenden von Lernstrategien
- Karten M1-4 (grün): Motivation, wie zum Beispiel Selbstwertgefühl oder Interesse
- Karten H1-5 (blau): Handlungssteuerung, wie zum Beispiel Analyse von Anforderungen und Problemstellungen oder Handlungsreflexion
- Karten U1-5 (orange): soziale Beziehungen und Umwelteinflüsse, wie zum Beispiel Schüler-Lehrer-Interaktion, Lebensstil oder die Beziehung zu Mitschülern

Einordnung der Karten entlang der Skalierung

In der zweiten Phase werden die Karten, die unsortiert in einem Stapel vorliegen, in einem ersten Schritt reihum nacheinander vorgelesen. Gemeinsam wird dann beraten und entschieden, ob die Inhalte der einzelnen Karten im Falle des konkreten Schülers „nicht problematisch“, „kaum problematisch“, „problematisch“ oder „sehr problematisch“ sind oder ob der Schüler hier vielleicht eine besondere Stärke aufweist (Abb. 4).

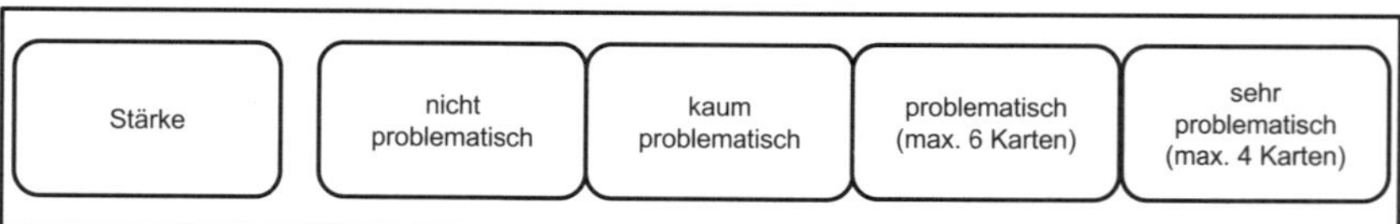

Abb. 4: Skalierung zur Sortierung der Karten

Auf dem Tisch, an dem die beteiligten Lehr- und Fachkräfte während der Teamberatung sitzen, werden die Karten nach dem jeweiligen Vorlesen unter eines der Felder der vorgegebenen Skalierung eingeordnet. Das zusätzliche Feld „Stärken“ dient dazu, die detaillierte Analyse dahingehend zu unterstützen, dass auch die Ressourcen des Schülers präsent gehalten und gegebenenfalls inhaltlich weiter gefüllt werden können. Entsprechend können also auch hier Karten zugeordnet werden. Dadurch arbeitet die Gruppe hier bereits für die vierte Phase, die Ableitung der Maßnahmen, in der Art vor, dass schneller auf die individuellen Stärken zurückgegriffen werden kann.

Erscheint es schwierig, eine Karte eindeutig zu einer der Skalenkategorien zuzuordnen, besteht die Möglichkeit, diese zunächst zwischen zwei Feldern zu positionieren – sie zu „parken“. Für die Zuordnung gilt: Nicht alle Aspekte auf den Karten müssen als problematisch oder unproblematisch für die jeweilige Schülerin zutreffend sein. Es besteht die Möglichkeit, die als problematisch wahrgenommenen Aspekte auf einer Karte beispielsweise mit einem Klebezettel zu markieren. Dadurch wird Verwirrung in den weiteren Phasen vermieden. Sollten zusätzliche Aspekte genannt werden, die bislang auf den Karten nicht benannt werden, so können diese auf Blanko-Karten ergänzt werden.

BEISPIEL

Eine Lehrkraft liest die Karte G5 „Leseverständnis und Lesetechniken“ vor. Die Schülerin, die gefördert werden soll, beherrscht zwar einigermaßen „flüssiges und sinnentnehmendes Lesen längerer Texte“, das „inhaltliche Zusammenfassen von Texten und Textabschnitten“ gelingt ihr jedoch nicht. Das Team markiert den zweiten Aspekt und sortiert die Karte unter die Kategorie „problematisch“.

Priorisierung der Karten

Wurden alle Karten eingeordnet, gilt es in einem zweiten Schritt in dieser Phase gegebenenfalls auszusortieren und die „geparkten“ Karten nun eindeutig zuzuordnen. Für eine effektive Arbeit ist es wichtig, dass sich die Beteiligten auf maximal vier Karten in der Kategorie „sehr problematisch“ sowie maximal sechs in der Kategorie „problematisch“ einigen. Hierbei kann es helfen, sich folgende Leitfrage zu stellen: Welche Auffälligkeiten sind (gegenwärtig) dominant und somit für unsere weitere Arbeit im schulischen Kontext primär zu beachten? Mit diesen maximal zehn Karten wird dann in der nächsten Phase weitergearbeitet.

Dokumentation der Ergebnisse

Um das Ergebnis der Sortierung der Karten festzuhalten, kann diese abfotografiert werden. Wir empfehlen jedoch, das Ergebnis der zweiten Phase unmittelbar in den oberen Teil der Vorlage „Skizze der Kartensortierung“ (Kopiervorlage 2) zu übertragen. Zur Vereinfachung können die Kartennummern eingetragen werden.

Vorlage 2 Datum:__________

Skizze der Kartensortierung

Stärken	nicht problematisch	kaum problematisch	problematisch (max. 6 Karten)	sehr problematisch (max. 4 Karten)

Skizze der gelegten Struktur

Kopiervorlage 2: Skizze der Kartensortierung

Ablauf und Regeln für die Arbeit mit den FiT-S-Karten in dieser Phase:

- Die Karten werden nacheinander laut vorgelesen.
- Es wird gemeinsam festgelegt, ob der vorgelesene Aspekt im jeweiligen Fall als Stärke, nicht problematisch oder problematisch eingeordnet werden soll.
  - Die Karten können zunächst zwischen zwei Kategorien der Skala platziert werden.
  - Nicht alle auf einer Karte vermerkten Lernhandlungen müssen zutreffen, sie stellen Beispiele dar.
- Zum Abschluss ist eine Einigung auf max. sechs Karten in der Kategorie „problematisch“, max. vier Karten in der Kategorie „sehr problematisch“ und mind. eine Karte unter „Stärken“ zwingend.

BEISPIEL

Für Luca ergibt sich in dieser zweiten Phase folgendes Bild (Abb. 5): Die beteiligten Lehr- und Fachkräfte schätzen drei der fünf Aspekte aus dem Bereich soziale Beziehungen und Umweltfaktoren sowie das Sozialverhalten von Luca als nicht problematisch ein. Unter kaum problematisch sortieren sie acht Aspekte der grundlegenden Kompetenzen und zwei Aspekte aus dem Bereich domänenspezifische Kompetenzen ein (inhaltsbezogene mathematische Standards und Gesellschaftswissenschaften). Hinzu kommen zwei Karten aus dem Bereich Motivation und eine aus dem Bereich der sozialen Beziehungen. Die Zuordnungen zu den Kategorien „nicht problematisch“ beziehungsweise „kaum problematisch“ bedeuten aber nicht gleichzeitig, dass diese zu Lucas Stärken gehören. Stärken wurden für Luca nicht explizit benannt. Passend zum Brainstorming in Phase 1 ordnen die Beteiligten Lernhandlungen von Luca im Lernbereich Deutsch und den Umgang mit prozessbezogenen mathematischen Standards als problematisch ein. Ebenso finden sich unter „problematisch“ Lucas Konzentrationsfähigkeit und das Analysieren von Anforderungen und Problemstellungen wieder. Selbstwertgefühl und die Verarbeitung von Lerninhalten werden bei dieser Sortierung für den Fall von Luca als „sehr problematisch“ hervorgehoben. So finden sich zwar Aspekte aus der ersten Phase wieder, es entsteht aber bereits ein etwas differenzierteres Bild. Inspiriert durch die Karten wird zusätzlich der Umgang Lucas mit Schwierigkeiten während des Lernens, einer konsequenten Zielrealisierung sowie Kompetenzen in der Fremdsprache und den Naturwissenschaften als „sehr problematisch“ identifiziert. Wichtig zu bemerken ist, dass Lucas Fragen nach Hilfe bei Unverständnis, das im Vorgespräch als schwierig beschrieben wurde, nun als Ressource identifiziert wurde.

Vorlage 2 Datum:__________

Skizze der Kartensortierung

Stärken	nicht problematisch	kaum problematisch	problematisch (max. 6 Karten)	sehr problematisch (max. 4 Karten)
– mittlerweile gut in Klasse und Schule integriert – fragt bei Unverständnis nach → allerdings nur bei einer sehr guten Schüler-Lehrer-Beziehung – deutliche Sprache – aktiv im Pausengeschehen – offensiveres Wahrnehmen repräsentativer Aufgaben – nimmt Hilfe an	- soziale Situation (U4) - Lebensstil (U5) - Zusammenarbeit mit den Eltern (U2) - Sozialverhalten und Empathiefähigkeit (G9)	- Adressaten- und zielgerichtetes Verfassen von Texten (G10) - Sprachhandlung/ Sprachkompetenz (G7) - Beziehung zu Mitschülern (U1) - inhaltsbezogene math. Standards (D4) - Kompetenzen Gesellschaftswissenschaften (D6) - Fein- und Grobmotorik (G11) - Lernzielorientierung und Erfolgserwartung (M3) - Sinneswahrnehmung (G12) - gesundheitlicher Zustand (G13) - Kommunikations- und Diskussionsfähigkeit (G6) - Interessen (M4) - selbstständige Informationsbeschaffung (G1) - Ressourcenmanagement (G4)	- Leseverständnis und Lesetechniken (G5) - Lernbereich Deutsch (D1) - prozessbezogene math. Standard (D5) - Erschließen von Lerninhalten (G3) - Analysieren von Anforderungen und Problemstellungen (H1) - Schüler-Lehrer-Interaktion (U3) - Handlungsreflexion (H3) - autonomes Lernen und Arbeiten (H5) - Aufmerksamkeit und Konzentration (G8)	- Selbstwertgefühl (M2) - Verarbeitung von Lerninhalten (G2) - Umgang mit Schwierigkeiten beim Lernen (H4) - konsequente Zielrealisierung (H2) - Kompetenzen Naturwissenschaft (D3) - Emotionsregulation (M1) - Kompetenzen Fremdsprache (D2)

Abb. 5: Ergebnis der Kartensortierung am Fallbeispiel: Die endgültig gewählten Karten wurden grau markiert.

Wie aus Abb. 5 ersichtlich, sind den Feldern „problematisch“ und „sehr problematisch“ zunächst mehr als zehn Karten zugeordnet worden. Die beteiligten Lehr- und Fachkräfte stehen nun vor der Herausforderung zu priorisieren und sich für insgesamt zehn Aspekte, die als problematisch beziehungsweise sehr problematisch eingeordnet werden, zu entscheiden, um Schwerpunkte für die Förderung setzen zu können. Die priorisierten Problemfelder wurden im Beispiel grau hinterlegt.

ZUSAMMENFASSUNG

Die Arbeit mit den Analyse-Karten von FiT-S, insbesondere deren Zuordnung entlang der Skalierung „Stärken“ und „nicht problematisch“ bis „sehr problematisch“, ermöglicht eine tiefgründige Analyse des aktuellen Lern- und Arbeitsverhaltens des jeweiligen Schülers.

4.2.3 Strukturierung der Analyseergebnisse (Phase 3)

Die Karten, die als nicht oder kaum problematisch eingeschätzt wurden, können nun zur Seite gelegt werden. Die als (sehr) problematisch eingeordneten und priorisierten Karten dienen jetzt in der dritten Phase als Basis für die stattfindende Strukturierung. Für die Strukturierung stehen nun zusätzlich Symbolkarten (Kasten Übersicht Strukturkarten) für die Darstellung von Zusammenhängen zur Verfügung.

Übersicht Strukturkarten:

- einfache Pfeile (5x)
- Doppelpfeile (4x)
- je 1 Pfeil, der Beziehungen zwischen drei beziehungsweise vier Faktoren illustrieren kann
- Daraus-folgt-Pfeil (2x)
- einfaches (1x), doppeltes (2x), dreifaches (1x) Ausrufezeichen
- Fragezeichen (3x)
- Stern (2x)

Einsatz von Strukturkarten

Diese ermöglichen, die priorisierten Aspekte in Beziehung zueinander zu setzen und dadurch die individuelle Dynamik misslingenden Lern- und Arbeitsverhaltens für den individuellen Schüler verständlich abzubilden. Vor allem die verschiedenen Pfeile unterstützen bei der Darstellung vermuteter Zusammenhänge. Es können also zum Beispiel potenzielle Ursache-Wirkungs-Beziehungen dargestellt werden. Unterschiedliche Pfeile erlauben es dem Team, einfache von wechselseitigen Wirkrichtungen zu unterscheiden. Sie können Annahmen, wie die Schülerin ihr Lernen organisiert beziehungsweise woran sie scheitert, dadurch unmittelbar abbilden. Weiterhin besteht durch die Verwendung verschiedener Ausrufezeichen (einfaches bis dreifaches) die Option, entweder die Bedeutsamkeit einer Stärke oder Problems hervorzuheben und durch einen Stern mögliche Ansatzpunkte zur Förderung zu kennzeichnen. Karten, die sich inhaltlich aufeinander beziehen, können auch überlappend gelegt werden und so ohne solche Elemente miteinander verbunden werden. Die Interpretation solcher Legeweisen und der Strukturkarten kann nach Bedarf auch das Team für sich besprechen und festlegen.

Die Aspekte des Lern- und Arbeitsverhaltens des Schülers, die als besonders bedeutsam identifiziert werden, sollten sich in der Struktur möglichst zentral wiederfinden. So individuell wie alle Schülerinnen sind, so individuell werden sich auch die in den unterschiedlichen Förderplanprozessen mit FiT-S herausgearbeiteten Strukturen darstellen.

Die folgenden Frageschemata unterstützen die Klärung von Beziehungen der priorisierten Aspekte in einer Struktur in Phase 3:

- einfacher Pfeil: bewirkt X Y; D.h., ist X eine Voraussetzung von Y beziehungsweise gäbe es X nicht, würde es dann auch Y nicht geben?
- Daraus-folgt-Pfeil: Sind A, B und C Folgen von Z?
- Doppelpfeil: Welche Inhalte bedingen oder verstärken sich gegenseitig? Beeinflussen sich X und Y gegenseitig so, dass X einerseits auf Y, aber andererseits Y auch auf X wirkt?
- Überlappen von Karten: Enthält X zum Teil Y, weil eine genannte Schwierigkeit Y auch Teil von X mitberührt (zum Beispiel Lesetechniken und Lernbereich Deutsch)?

Dokumentation der Ergebnisse

So wie in Phase 2 sollte auch dieses Ergebnis dokumentiert werden. Aufgrund der Komplexität kann es fotografiert und später in die Dokumentation eingefügt werden, oder die moderierende Person fertigt eine grobe Skizze direkt auf der unteren Hälfte der Vorlage „Skizze der gelegten Struktur“ (Kopiervorlage 2) an. Diese Dokumentation ist wichtig, um in den folgenden

Phasen darauf aufzubauen und auch, um später auf die erarbeitete Fallanalyse zurückgreifen zu können.

Die Ergebnisse der Phasen sollten direkt dokumentiert werden. Fotoprotokolle sind möglich. Diese müssen für alle Beteiligten zugänglich sein.

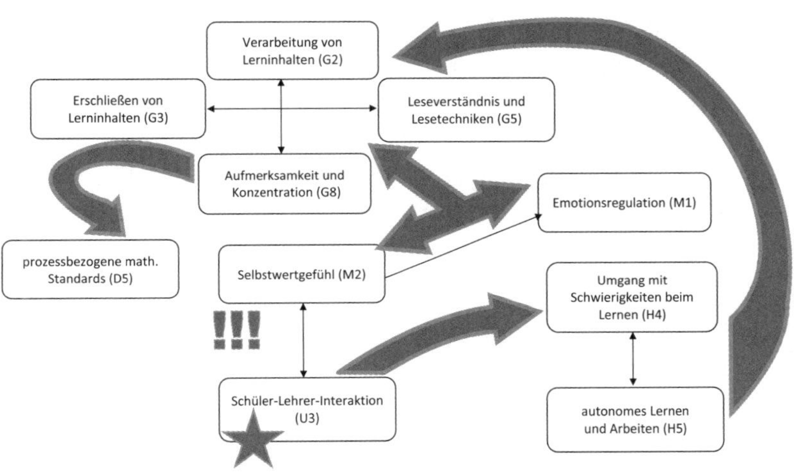

Abb. 6: Ergebnis der gelegten Struktur im Fallbeispiel

BEISPIEL

In Lucas Fall ergibt sich die in Abbildung 6 dargestellte Struktur. Ausgehend von der Annahme, dass Luca große Probleme mit dem Selbstwertgefühl hat (markiert durch drei Ausrufezeichen), wird einerseits eine Wechselwirkung mit der Schüler-Lehrer-Beziehung und andererseits eine Wirkung auf Lucas Emotionsregulation dargestellt. Die Schüler-Lehrer-Interaktion wird im Team als möglicher Ansatzpunkt für Fördermaßnahmen diskutiert und mit einem Stern gekennzeichnet, um dies hervorzuheben. Aufgrund des geringen Selbstwertgefühls hat Luca Probleme im Umgang mit Schwierigkeiten im Lernprozess, was sich wiederum auf das autonome Lernen und Arbeiten auswirkt. Resultierend aus den Schwierigkeiten beim Lernen und dem Zusammenhang zwischen Selbstwertgefühl und Emotionsregulation ergibt sich ein komplexes Problemfeld grundlegender Kompetenzen. Die Wechselwirkungen von Erschließen beziehungsweise Verarbeiten von Lerninhalten, Aufmerksamkeit und Konzentration sowie dem Leseverständnis und Lesetechniken erklären aus Sicht der beteiligten Lehr- und Fachkräfte wiederum die Probleme in den prozessbezogenen mathematischen Standards.

ZUSAMMENFASSUNG

Die Reduzierung der komplexen Problematik in Phase 2 ermöglicht es den Beteiligten, eine bildhafte Skizzierung zu erstellen und genauer zu verstehen, wie sich die als problematisch erachteten Aspekte aufeinander beziehen und ordnen lassen. Dieses dynamische Bild, wie die Lernhandlungen eines Schülers funktionieren beziehungsweise behindert werden, bildet die Grundlage für die Formulierung konkreter Ziele und Teilziele im Prozess individueller Förderung in einem überschaubaren Zeitraum.

4.2.4 Entwicklung von Förderzielen und Maßnahmen (Phase 4)

Die Entwicklung und Formulierung von individuellen Förderzielen und adäquaten Maßnahmen gestaltet sich im Allgemeinen als schwierigste Phase im Prozess gemeinsamer Förderplanung. FiT-S legt deshalb die zuvor beschriebenen Phasen 1 bis 3 zu Grunde. Die nun bereits vollzogenen Diskussionen und das gemeinsam erarbeitete Verständnis der Lernhandlung der konkreten Schülerin, das in Form der visualisierten Struktur vorliegt, bieten Unterstützung. Die Teammitglieder können sich bei der gemeinsamen Beratung an der Struktur orientieren und verlieren sich nicht bei der Entscheidung, an welchem Aspekt sie in nächster Zeit intensiv gemeinsam mit der Schülerin arbeiten möchten. Wir gehen hier zunächst nur auf die Ableitung von Förderzielen ein. Die Überführung der Ziele in einzelne Maßnahmen bietet die Ideenbörse in Kapitel 5, die für jede Analysekarte Hinweise für nächste Schritte vorschlägt.

Formulierung von Globalziel und Teilzielen

Zunächst wird ein übergreifendes Ziel festgelegt, das zum Kern der Problemanalyse passt. Daraus werden Teilziele abgeleitet. Dabei gilt es, darauf zu achten, dass diese sehr konkret und detailliert formuliert werden, in einem vorab festgelegten Zeitraum (zum Beispiel sechs Wochen) erreichbar sind und ihr Erreichen in irgendeiner Art „gemessen“ werden kann. Nur so kann prozessbegleitend geprüft werden, ob die jeweiligen Teilziele überhaupt passend für den Schüler waren oder ob diese angepasst werden sollten. Damit kann verhindert werden, dass der Schüler über- oder unterfordert wird, die Lehr- und Fachkräfte frustriert werden beziehungsweise das Ziel nicht in Angriff genommen wird. Weiterhin gilt es bei der Formulierung unbedingt zu beachten, dass die Ziele und entsprechenden Maßnahmen auch vom Schüler selbst akzeptiert werden. Denn ohne dessen Motivation zur Arbeit an den beschlossenen Zielen und Maßnahmen ist jede noch so gute Idee schwer umsetzbar.

Die richtige Formulierung von Zielen kann für ihre Umsetzung Wunder wirken. Zur Orientierung können bei der Zielformulierung nachstehende Kontrollfragen hilfreich sein (Oettingen/Gollwitzer 2002; Salzberg-Ludwig/Matthes 2011; Storch 2009).

Kriterien für SMARTe Förderziele:

- **S**pezifisch: Was soll konkret erreicht werden? Welche Veränderung wird angestrebt? Wer ist beteiligt? Wie und womit soll das Ziel genau erreicht werden?
- **M**essbar: In welcher Form und in welchem Umfang wird die Veränderung angestrebt? Woran kann das Ergebnis gemessen werden?
- **A**ngemessen: Akzeptiert die Schülerin beziehungsweise der Schüler das Ziel? Wirkt das Ziel motivierend? Welche Mittel sind zur Zielerreichung geeignet?
- **R**ealistisch: Ist das formulierte Ziel in dem vereinbarten Zeitraum erreichbar? Ist es für alle Beteiligten umsetzbar? Welche Aktivität ist in welchem Umfang realisierbar?
- **T**erminierbar: Bis zu welchem Zeitpunkt soll das Ziel erreicht werden? In welchem Zeitrahmen soll das Ziel erreicht werden?

!

Unter Berücksichtigung dieser Kriterien könnte ein SMARTes Förderziel wie folgt lauten:

BEISPIEL

Ein Schüler soll Sicherheit gewinnen, Texte zusammenzufassen und damit das Textverständnis komplexerer Texte üben (spezifisch). Dazu soll der Schüler Texte im Umfang von zwei A4-Seiten in Form von Zusammenfassungen im Umfang einer halben A4-Seite erstellen (realistisch/spezifisch/messbar). Um das Ziel zu erreichen, wird der Schüler in den kommenden sechs Wochen immer donnerstags zur vierten Stunde bei der Klassenlehrkraft (terminiert) je eine Tabelle mit Leitfragen zu einzelnen Textabschnitten für zwei Texte selbstständig ausfüllen (messbar/akzeptiert). In den kommenden sechs Wochen soll er dadurch mehr Sicherheit gewonnen haben, Texte in eigenen Worten zusammenzufassen (realistisch).

Besprechen der Ziele und Maßnahmen mit der Schülerin

Die formulierten Ziele und damit verbundenen Maßnahmen sollten möglichst unmittelbar nach dem Förderplangespräch mit der Schülerin selbst besprochen werden. Dabei geschieht dies nicht aus der Haltung heraus, die Lernende zu konfrontieren oder zu überreden. Eher ist es von Interesse, auch eigene Ideen der Schülerin aufzugreifen, wie sie die Ziele erreichen möchte beziehungsweise glaubt, erfüllen zu können. Gleichzeitig wird der Schülerin vermittelt, dass es um ihre Entwicklung geht, die im Mittelpunkt steht. Ihr wird vertraut, sie wird ernst genommen und in ihren Anliegen und Wünschen unterstützt.

Festlegen der Verantwortlichkeiten

Durch eine direkte Festlegung der Zuständigkeiten bezüglich der Umsetzung der einzelnen Maßnahmen in dieser Phase können die Ziele auch unmittelbar von allen Beteiligten verfolgt werden. Die formulierten Ziele sowie Maßnahmen werden in der Vorlage „Formulierung von Förderzielen und Maßnahmen“ (Kopiervorlage 3) eingetragen.

Vorlage 3 Name des/der Schülers/in:____________________ Klassenstufe:______ Datum:__________

Formulierung von Förderzielen und Maßnahmen

Hauptanliegen der Förderung (Globalziel):

In den kommenden 6 Wochen können wir erreichen, dass ...	konkrete Maßnahme	Wer ist verantwortlich?

Kopiervorlage 3: Formulierung von Förderzielen und Maßnahmen

Vorlage 3 Name des/der Schülers/in: Luca Klassenstufe: 7 Datum: ____

Formulierung von Förderzielen und Maßnahmen

Hauptanliegen der Förderung (Globalziel):
Steigerung von Lucas Selbstwertgefühl

In den kommenden 6 Wochen können wir erreichen, dass ...	konkrete Maßnahme	Wer ist verantwortlich?
... Luca täglich selbstreflektiert, was gut gelungen ist.	– Auswertung der Hausaufgabenhefte → positive Hinweise durch Fachlehrer notieren lassen – One-Note oder normalen Ordner anlegen für ihre persönliche Auswertung mit den täglichen Erfolgen (Arbeit mit Smiley o.Ä.)	Tutor Fachlehrer Luca
... Luca in der täglichen Auswertung Gefühle benennt.	– Emotionsdiagramm/-kurve → Auswertungsgespräch mit dem Bezugsbetreuer im Internat	Luca Bezugsbetreuer
... Luca lernt, Schwierigkeiten zu benennen in den Hauptfächern und wöchentlich überlegt, wie er diese angehen kann (Entwicklung von Lösungsvorschlägen).	– Markieren von Schlüsselbegriffen → Aufgabe für sich selbst begreifen – anfangs gemeinsame Entwicklung von Lösungsvorschlägen/Wochenziele festlegen	Luca Fachlehrer Tutor

Abb. 7: Ergebnis der formulierten Förderziele und Maßnahmen im Fallbeispiel

BEISPIEL

Als langfristiges Ziel haben die Lehr- und Fachkräfte für Luca die Steigerung des Selbstwertgefühls formuliert (Abb. 7). Um sich diesem Globalziel in kleinen Schritten nähern zu können, haben sie drei Teilziele entwickelt. (1) So ist es ihnen wichtig, dass Luca lernt, täglich zu reflektieren (für sich zu benennen), was gut gelungen ist, und dabei auch lernt, konkrete Gefühle zu benennen. (2) Zur Unterstützung wollen sie die Besonderheiten des Hausaufgabenheftes nutzen oder gar einen Extra-Ordner anlegen, in dem die persönliche Einschätzung von Luca erfolgt. Auch ist die Gestaltung einer individuellen Emotionskurve denkbar. (3) Luca soll in den kommenden sechs Wochen lernen, Schwierigkeiten in den Hauptfächern zu benennen und wöchentlich, anfangs gemeinsam mit Tutor und/oder der Fachlehrkraft, entsprechende kleine Wochenziele für konkrete Aufgaben in den Hauptfächern formulieren. Verantwortlich für die entwickelten Teilziele sind primär Luca, der Tutor und die Fachlehrkräfte.

4.2.5 Überprüfung der Förderziele und Maßnahmen (Phase 5)

Um die Umsetzung der gemeinsam formulierten Ziele mittel- und langfristig auch im Blick zu behalten, schlagen wir im Rahmen von FiT-S eine besondere Form der Dokumentation vor.

Zielumsetzung dokumentieren und nachvollziehen

Für den vereinbarten Zeitraum der Umsetzung der ersten Maßnahmen (Kriterium Terminierbarkeit SMARTer Ziele) dokumentieren die Beteiligten in regelmäßigen Abständen den Fortgang der Zielumsetzung anhand der Vorlage zur Einschätzung der Zielerreichung (Kopiervorlage 4). Durch die direkte Aufbereitung in einer graphischen Darstellung ermöglichen es die Dokumentationsbögen von FiT-S, relativ schnell zu erkennen, welche Entwicklung sich im Hinblick auf die festgelegten Ziele ergibt. Die Zielerreichungsvorlage wird an alle Beteiligten am Ende des Förderplangesprächs (Abschluss Phase 4) ausgehändigt. Alle Beteiligten übertragen die gemeinsam formulierten Teilziele, beobachten Entwicklungen über den vereinbarten Zeitraum und vermerken diese auf der Dokumentationsvorlage. Dabei kann in der Graphik eingetragen werden, ob keine Veränderung, eine negative oder eine positive Entwicklung (3-stufig) beobachtet wurde. Wie in Abbildung 8 ersichtlich, ergibt sich am Ende des vereinbarten Förderzeitraums ein Verlaufsdiagramm. Das Standard-Vorgehen von FiT-S ist, dass alle am Förderplanprozess Beteiligten die Zielerreichungsvorlage unabhängig voneinander ausfüllen. Dies bietet die Grundlage für ein kurzes Auswertungsgespräch, bei dem die verschiedenen Perspektiven von der Klassenlehrkraft oder gegebenenfalls der Sonder-, beziehungsweise Sozialpädagogin eingeholt werden. Sollten die Beobachtungen stark divergieren, sollte FiT-S in der Kurzversion erneut durchgeführt werden, indem nur die Ziele betrachtet werden, bei denen es zu unterschiedlichen Wahrnehmungen kam. Jeder kann in dieser Vorlage auch Vorschläge für Veränderungen in der Formulierung der Teilziele vermerken. Auf dieser Basis kann dann eine umfassende Reflexion der vergangenen Wochen erfolgen. Abschließend wird festgelegt, wie bei der Formulierung anschließender Förderziele vorgegangen werden soll. Soll eine größere Veränderung in der Förderrichtung erfolgen, empfiehlt es sich, FiT-S in der Kurzversion durchzuführen.

Für die gemeinsame Reflexion empfehlen sich folgende Leitfragen:

- Was lief in den vergangenen Wochen insgesamt gut, was eher nicht?
- Wurden die Ziele durch die Beteiligten weiterhin für sinnvoll befunden?
- Wie verhielt sich die Schülerin in dem Zeitraum?
- Konnte sie die Ziele und Maßnahmen für sich akzeptieren?
- Inwieweit konnten die formulierten Ziele und Maßnahmen realisiert werden?
- Gab es Unterbrechungen oder Hindernisse bei der Umsetzung?
  - Wenn ja, in welcher Art und in welchem Umfang traten diese auf?
  - Sind diese Barrieren dauerhaft und müssen eingeplant werden oder traten sie eher zufällig auf?

BEISPIEL

Wie aus Abb. 8 ersichtlich, kann Luca, nach Einschätzung der beteiligten Lehr- und Fachkräfte, nach den vereinbarten sechs Wochen erste Fortschritte erzielen. Teilziel 1 wird als erreicht eingeschätzt. Luca ist nun in der Lage einzuschätzen und zu formulieren, was täglich gut gelungen ist. Ebenso sind Schwankungen in der Entwicklung erkennbar. Jedoch ist Luca dabei zu keiner Zeit unter das Ausgangsniveau gefallen. Insgesamt beurteilt die Klassenlehrkraft hier, dass die Ziele nur in einzelnen Aspekten umgesetzt werden konnten, wofür sie im Abschnitt „Anmerkungen“ Gründe aufführt. Es wird vereinbart, mit dem geplanten Vorgehen für sechs weitere Wochen fortzufahren, da die Entwicklungen in die gewünschte Richtung zeigen.

Vorlage 4 Datum:__________

Globalziel: Steigerung von Lucas Selbstwertgefühl

<u>Ausgefüllt von:</u> Sonderpädagoge/in [ ] Klassenlehrer/in [X] Fachlehrer/in für ________ [ ]

Einschätzung der Zielerreichung

Teilziel 1: *Luca reflektiert täglich, was gut gelungen ist.*

Teilziel 2: *Luca benennt in der täglichen Auswertung Gefühle.*

Teilziel 3: *Luca benennt Schwierigkeiten in den Hauptfächern und überlegt wöchentlich, wie diese angegangen werden können.*

Bitte beachten Sie beim Eintragen/Ankreuzen, dass hinter den einzelnen Werten folgende inhaltliche Bedeutungen stecken:

-1 = Verschlechterung o = Lernausgangslage (IST-Stand) 1 = erste Fortschritte

2 = Erreichen des formulierten Ziels 3 = Ziel bereits übertroffen

3
2
1
0
-1
Ende Woche 1 Ende Woche 2 Ende Woche 3 Ende Woche 4 Ende Woche 5 Ende Woche 6
Teilziel 1 Teilziel 2 Teilziel 3

Konnten die Ziele aus Ihrer Perspektive wie geplant umgesetzt werden?

nein [ ] nur in einzelnen Aspekten [X] in großen Teilen [ ] vollständig [ ]

Wer war an der Umsetzung der Ziele beteiligt?

Sonderpädagoge/in [ ] Klassenlehrer/in [X] Fachlehrer/in [X] andere [ ]

Wurden die Ziele angepasst?

nein [X] ja [ ] wenn ja, welche und warum ______________________________

____

<u>Anmerkungen</u>

Aufgrund krankheitsbedingter Fehlzeiten, Klassenfahrten etc. konnte mit Luca nicht wie im gewünschten Umfang gearbeitet werden. Unter Berücksichtigung dessen konnten wir dennoch kleine Fortschritte erzielen.

Abb. 8: Ausgefüllte Zielerreichungsvorlage im Fallbeispiel Luca

4.3 FiT-S – Maßnahmen evaluieren

4.3.1 Einschätzungsbögen für Lehrkräfte

Für die Evaluierung durch die Lehrkräfte steht neben den Kopiervorlagen 1 bis 3 auch die Kopiervorlage „Einschätzung der Zielerreichung“ zur Verfügung.

4.3.2 Maßnahmen im Schülergespräch reflektieren: Wie ist es dir ergangen?

Um mehrere Perspektiven in die Auswertung miteinzubeziehen, kann für die jeweiligen Schülerinnen eine ähnliche Vorlage gestaltet werden. Denkbar wären beispielsweise nach Zielen getrennte Diagramme, die den Entwicklungsverlauf darstellen, und/oder die klassische Arbeit mit Smileys und der Gestaltung von Emotionskurven. Weiterhin könnte auch ein kleines Tagebuch geführt oder eine Grafik selbstgestaltet werden, worin die Entwicklung dokumentiert wird.

Perspektive der Schüler

Unabhängig von der Art der Gestaltung der Schülerdokumentation bedarf diese auch einer Auswertung und Reflexion.

Im gemeinsamen Gespräch mit der Schülerin könnten daher folgende Fragestellungen relevant sein:

- Formulierungsvorschlag zur Einleitung des Gesprächs: „Ich habe dir ja neulich davon erzählt, dass ich mit den Kollegen zusammengesessen habe und wir uns überlegt haben, dass es gut für dich wäre, daran zu arbeiten, dass [Ziel]! Jetzt sind einige Wochen vergangen, und bevor ich dir erzähle, wie ich deine Entwicklung beobachtet habe, interessiert mich, wie es dir in den vergangenen Wochen ergangen ist mit [ZIEL].“
- Was ist dir leicht gefallen, welche Schwierigkeiten hattest du an [ZIEL] zu arbeiten?
- Wie war es für dich, deine Arbeit an [ZIEL] zu dokumentieren?
- Hattest du die Unterstützung, die du brauchtest beziehungsweise die mit dir abgesprochen war?

- Was denkst du, wo du jetzt stehst? Ist [ZIEL] so erreicht wie vereinbart?
- Was würdest du auf dem Weg zu einem neuen Ziel anders machen?
- Was wünschst du dir dafür?

Vorlage 4 Datum:__________

Globalziel:

Ausgefüllt von: Sonderpädagoge/in ☐ Klassenlehrer/in ☐ Fachlehrer/in für _______ ☐

Einschätzung der Zielerreichung

Teilziel 1: ______________________________

Teilziel 2: ______________________________

Teilziel 3: ______________________________

Bitte beachten Sie beim Eintragen/Ankreuzen, dass hinter den einzelnen Werten folgende inhaltliche Bedeutungen stecken:

-1 = Verschlechterung 0 = Lernausgangslage (IST-Stand) 1 = erste Fortschritte
2 = Erreichen des formulierten Ziels 3 = Ziel bereits übertroffen

3
2
1
0
-1

Ende Woche 1 Ende Woche 2 Ende Woche 3 Ende Woche 4 Ende Woche 5 Ende Woche 6

Teilziel 1 Teilziel 2 Teilziel 3

Konnten die Ziele aus Ihrer Perspektive wie geplant umgesetzt werden?

nein ☐ nur in einzelnen Aspekten ☐ in großen Teilen ☐ vollständig ☐

Wer war an der Umsetzung der Ziele beteiligt?

Sonderpädagoge/in ☐ Klassenlehrer/in ☐ Fachlehrer/in ☐ andere ☐

Wurden die Ziele angepasst?

nein ☐ ja ☐ wenn ja, welche und warum ______________________

____

Anmerkungen

____

____

____

Kopiervorlage 4: Einschätzung der Zielerreichung

4.4 FiT-S als Kurzversion

Es ist möglich, FiT-S in einer Kurzversion im Umfang von 45 Minuten durchzuführen. Prinzipiell orientiert sich die Kurzversion an den Phasen der Langversion. Dies kann empfohlen werden, wenn

- Teams bereits miteinander und mit FiT-S vertraut sind,
- bereits eine ausführliche Planung und Förderung stattfinden und diese neu ausgerichtet werden sollen oder
- kurzfristig Interventionen in einem „Notfall“ abgesprochen werden müssen.

Bei der Kurzversion wird dringend empfohlen, alle Schritte mit Hilfe einer Stoppuhr zeitlich klar zu begrenzen.

Erfassen der Ausgangssituation (5 Minuten)

In der Eingangsphase verständigt sich das Team darüber, welche Aspekte im vorliegenden Fall besonders relevant erscheinen. Es beginnt mit 30 Sekunden individueller Bedenkzeit im Stillen. Danach hat jede Person maximal eine Minute Zeit, kurz zu umreißen, in welchen Bereichen des Lern- und Arbeitsverhaltens des Schülers besondere Förderung nötig ist. *Die Leitfragen zur Moderation können aus der Langversion übernommen werden.*

Diese erste Phase sollte nicht ausgelassen werden, da die Beteiligten hier einen Überblick erhalten können, welche Perspektiven die anwesenden Kollegen und Fachkräfte auf die Schülerin mitbringen, wo Gemeinsamkeiten und Unterschiede liegen. Ergeben sich bereits hier deutliche Gemeinsamkeiten in einzelnen Bereichen, wie im Fallbeispiel im Bereich Motivation und Handlungssteuerung, so können im vorliegenden Beispiel Karten der Dimension der domänenspezifischen Kompetenzen für die nächste Phase ausgelassen werden. Je nachdem, mit welchem Umfang an Karten nun weitergearbeitet werden soll, kann Zeit gewonnen werden. Gleichzeitig besteht durch die „Vorauswahl“ aber die Gefahr, dass der ganzheitliche Blick verlorengeht.

Analyse des aktuellen Lern- und Arbeitsverhaltens (15 Minuten)

Unabhängig davon, ob in dieser Phase nun weiterhin mit dem kompletten Kartensatz gearbeitet wird oder ob aufgrund der Einstiegsphase eine Konzentration auf einige der Dimensionen möglich ist, ist diese Phase von großer Bedeutung und sollte keinesfalls ausgelassen werden. Wie zuvor beschrieben, ist die gemeinsame Auswahl und Priorisierung der verschiedenen Aspekte die Grundlage für die Beschreibung der Kern-Charakteristika im Fall der konkreten Schülerin.

Zur weiteren Fokussierung für die folgenden Phasen sollte in der Kurzversion die Kategorie „problematisch“ mit maximal vier und die Kategorie „sehr problematisch“ maximal mit zwei Karten final besetzt sein. Das bedeutet auch, dass das Ergebnis der Analyse sich stärker auf die derzeitige Situation der Schülerin fokussieren sollte. Bei dieser Reduktion wird naturgemäß ein abstrakteres, gröberes Bild gezeichnet.

Strukturierung der Analyseergebnisse (10 Minuten)

Die dritte Phase des Prozesses verändert sich im Wesentlichen nicht. Hier versucht das Team weiterhin, mögliche Beziehungen zwischen Karteninhalten zu verdeutlichen. Aufgrund der notwendigen Fokussierung empfiehlt es sich, einen zentralen Aspekt der Dynamik von Lern- und Arbeitsverhalten zu identifizieren, der bei der Förderung als Erstes in den Blick genommen wird.

Ableiten von Förderzielen und Maßnahmen (15 Minuten)

Im Gegensatz zur ausführlichen Version ist es naheliegend, nicht mehr drei oder gar vier Förderziele für den vorab gesteckten Zeitraum zu formulieren, sondern das globale Gesamtziel und ein erstes Teilziel. Aus dem Globalziel können zukünftig weitere Teilziele abgeleitet werden. Unumgänglich ist die Beachtung des SMART-Schemas bei der Zielformulierung. Denn nur so wird es auch in der alltäglichen Arbeit mit der jeweiligen Schülerin möglich sein, effektiv an den gesteckten Zielen zu arbeiten. Wenn bereits eingangs Bereiche festgelegt und anschließend nur diese Karten verwendet wurden, so ist es naheliegend, dass auch die entsprechenden Förderziele sowie -maßnahmen darauf fokussieren.

Überprüfung der Förderziele und -maßnahmen (nach ca. 6 Wochen)

Auch hier werden die vorab formulierten Förderziele wieder in die Zielerreichungsvorlage eingetragen und die Entwicklung entlang der wöchentlichen Einschätzungen verfolgt. Der vereinbarte Zeitraum für eine erste Förderung kann auch dafür genutzt werden, einen Termin für die Durchführung einer Langversion von FiT-S zu vereinbaren.

5 Fördermaßnahmen konkretisieren

5.1 Kooperative Verantwortung für Ziele und Maßnahmen sichern

FiT-S macht sich das Prinzip zunutze, die Zusammenarbeit bei dem komplexen Thema der Förderplanung dadurch zu strukturieren, dass die Beteiligten gemeinsam konkretes Material verwenden und in einer bestimmten Weise in eine ebenfalls gemeinsame Visualisierung integrieren. Damit liegt die Stärke des Verfahrens darin, das gemeinsame Nachdenken, die Diskussion und die Analyse des Lern- und Arbeitsverhaltens eines Schülers durch das Material so zu strukturieren, dass ein umfassendes und zielorientiertes Bild entsteht. Das bedeutet nicht, dass die Arbeit mit FiT-S automatisch konfliktfrei ist oder nach der Analyse und dem Festlegen von Maßnahmen alles von alleine läuft. Entsprechend sollte die Arbeit mit FiT-S von einer bewussten Gestaltung der kommunikativen Ebene begleitet werden. Hier bieten sich die Grundlagen verwandter Konzepte kooperativer Beratung an (Methner et al. 2013; Popp et al. 2017; Salzberg-Ludwig / Matthes 2011).

Menschenbild und eigene Haltung reflektieren

An dieser Stelle können wir nur auf diese Konzepte verweisen und empfehlen, sich als Team mit den dort beschriebenen Fragetechniken und Anregungen zur Reflexion eigener Kommunikationsmuster und der eigenen Rolle bei der Förderplanung zu beschäftigen. Die gemeinsame Diskussion anhand der FiT-S-Karten berührt indirekt immer auch Fragen der professionellen Haltungen und des Menschenbildes. Diesen Themen sollte sich das Team ausreichend widmen und dabei auf eine symmetrische, nicht-direktive Kommunikationssituation hinarbeiten. Dafür ist ein Mindestmaß an Vertrauen notwendig.

! Gelingende Zusammenarbeit benötigt einen klaren Auftrag, bewusste Gesprächsführung und fußt auf einem Mindestmaß an Vertrauen. Auch für die Arbeit mit FiT-S gilt es, die Grundlagen kooperativer Beratung zu beachten und zu üben.

Stoßen unterschiedliche Perspektiven, Haltungen und eben auch Menschenbilder aufeinander und werden diese Unterschiede nicht angesprochen und wenigstens anerkannt, sondern gegebenenfalls direktiv aus dem Weg geräumt oder abgetan, kann bei der Analyse und Erstellung der Struktur des Lern- und Arbeitsverhaltens einer Schülerin letztlich kein *gemeinsames* Bild entstehen. Gemeinsam bedeutet, auch Widersprüchliches zu integrieren.

divergierende Perspektiven

Es ist zu empfehlen, bei stark divergierenden Ansichten diese als besonders gekennzeichnete Anker in die visualisierte Struktur aufzunehmen, um auf diese zurückkommen zu können. So wird gesichert, dass auch den Beteiligten ausreichend Gehör geschenkt wird, die eine Perspektive einbringen, die anderen unpassend erscheinen mag. Dies ist keine Formalie! Menschen sind so komplex wie auch die Lernausgangslage eines jeden Schülers. Ein zunächst unpassender Aspekt kann später noch zum besseren Verständnis beitragen. Allen Beteiligten Gehör zu schenken, ist auch zentral für die erfolgreiche Umsetzung der Ziele und Maßnahmen. Findet sich die Perspektive eines Beteiligten nicht wieder, so bietet dies, psychologisch gesehen, eine „Sollbruchstelle". Das kann dazu führen, dass diese Person aus der Verantwortung für die beschlossenen Maßnahmen aussteigt.

Die gemeinsame Förderplanung lebt von geteilter Verantwortung für die erarbeiteten Ziele und Maßnahmen. Um diese zu sichern, ist es notwendig, dass auch divergierende Perspektiven angehört, in die Analyse aufgenommen und für spätere Diskussionen in Erinnerung behalten werden.

5.2 Ideenbörse für Prävention und Intervention

Durch die vorangegangene Analyse und die strukturierte Visualisierung des Lern- und Arbeitsverhaltens mit Hilfe der FiT-S-Karten werden Aspekte identifiziert, die bei einer Förderung in den Vordergrund gestellt werden sollten. Um die Förderplanung im Team dabei zu unterstütztenn, aus den formulierten Förderzielen einzelne Maßnahmen abzuleiten, die den identifizierten Stärken und Schwächen des Schülers entsprechen, werden im Folgenden einige Ideen und weiterführende Materialanregungen dargestellt. Diese sind nach den fünf Analyse-Dimensionen und der Nummerierung der entsprechenden Karten gegliedert. Dies soll es erleichtern, passend zu den priorisierten Karten Anregungen für die Maßnahmenplanung nachzuschlagen. Es wird jeweils kurz erläutert, welche Aspekte in fördernden Lernaktivitäten angesprochen werden sollten, und es werden Beispiele für publizierte Fördermaterialien genannt, die konkrete Anregungen bieten.

5.2.1 Domänenspezifische Kompetenzen

Lernbereich Deutsch (D1)

Das Erschließen verschiedener Textarten, das Leseverständnis, die Analyse von Satzstrukturen sowie orthographische und grammatikalische Fertigkeiten stellen wichtige Bausteine des Lernbereiches Deutsch in der Sekundarstufe dar.

Werden beispielsweise Probleme beim Erschließen von Textarten identifiziert, ist es hilfreich, dass sich die Lernenden in verschiedenen Projektgruppen mit unterschiedlichen Textarten auseinandersetzen. Eine stärkere Thematisierung interessenbezogener Lektüre ist empfehlenswert, da dies gleichzeitig die Motivation erhöht und den Zugang zu komplizierteren Texten erleichtern kann. In der Arbeit mit der jeweiligen Lektüre kann die inhaltliche Auseinandersetzung mit der Analyse der Satzstrukturen kombiniert und gemeinsam mit den Schülerinnen und Schülern untersucht werden.

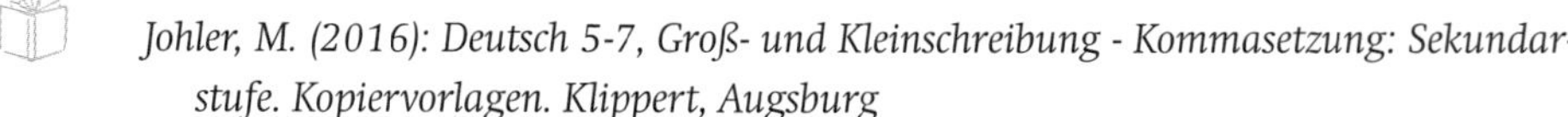

Johler, M. (2016): Deutsch 5-7, Groß- und Kleinschreibung - Kommasetzung: Sekundarstufe. Kopiervorlagen. Klippert, Augsburg

May, Y. (2016): Einführungsstunden Grammatik Deutsch Klassen 7/8: Durch schülernahe Kontexte motivierend unterrichten. Mit Kopiervorlagen. Auer, Augsburg

Weber, A. (2016a): Förderkrimis für den Deutschunterricht Klassen 5-7: Dreifach differenzierte Texte und Aufgaben mit einfachster Niveaustufe als Comic. 2. Aufl. Auer, Augsburg

Kompetenzen in der Fremdsprache (D2)

Der Erwerb von Fremdsprachen kann Schülerinnen vor große Herausforderungen stellen, wobei verschiedene Aspekte getrennt und im Zusammenspiel betrachtet werden sollten, wenn eine Schülerin hier besondere Schwierigkeiten aufweist: Verständnis und Anwendung der jeweiligen grammatischen Struktur, Verstehen und Ausdruck im mündlichen und im schriftlichen Bereich.

Um Auffälligkeiten zu begegnen, kann es hilfreich sein, Schülern möglichst viele Sprech- und kleine Schreibgelegenheiten zu ermöglichen, die eine Alltagsnähe aufweisen. Die Berücksichtigung der Interessen und der

Alltagshandlungen der Schüler (inkl. Social Media) bieten einen guten Einstieg und Zugang zum Stoff für Lehrkräfte und Schüler. Durch die gezielte Arbeit mit Wörterbüchern und ein angeleitetes Vokabeltraining kann der Wortschatz der Schüler erweitert werden. Durch das Hören und Zusammenfassen fremdsprachlicher Dialoge kann außerdem das Sprachverständnis gefördert werden. Gleichzeitig bietet dieses Vorgehen viele Gelegenheiten für die Lehrkraft, die Schüler im Umgang mit der Fremdsprache zu beobachten.

Aßbeck, J. (2015): Schreibkompetenz-Training im Englischunterricht, Klasse 7/8: Verschiedene Textsorten erschließen und eigene Texte erstellen. Mit Kopiervorlagen. Auer, Augsburg

Bartl, F. (2018): Wortschatzarbeit Latein leicht gemacht: Praxistipps, Methoden und Strategien für erfolgreiches Vokabellernen im Lateinunterricht. Auer, Augsburg

Paraire, I. (2017): Kriminell gut lesen Französisch 1.-3. Lernjahr: Fesselnde Kurzkrimis zur Förderung der Lesekompetenz (5. bis 10. Klasse). Auer, Augsburg

Kompetenzen in naturwissenschaftlichen Handlungsfeldern (D3)

Kompetenzen im Bereich der Naturwissenschaften sind sehr vielfältig, sodass hier vor allem gemeinsame Aspekte angesprochen werden. Dazu gehört das Aufstellen und Begründen von Vermutungen, das Begründen von Lösungswegen sowie die Interpretation von Daten und mathematischen Darstellungen. Probleme in diesen Bereichen können beispielsweise durch zunächst kleinschrittige Vorgaben von Mustern zum Anfertigen von Protokollen angegangen werden. Die Ergebnisse von alltagsnahen Experimenten könnten hier festgehalten werden. Auch hier kann im Alltag der Schüler beispielsweise durch tägliche Wetterbeobachtungen begonnen werden, um (Muster-)Protokolle anzufertigen. Interessant sind hier die Konzepte von *Skripting*, der genauen Vorgabe von Arbeitsschritten inkl. Argumentationsweisen, und *Fading*, dem anschließenden Ausschleichen der zunächst sehr kleinteiligen Instruktionen pro Schritt (Fischer et al. 2011). Die direkte Instruktion durch die Lehrkraft und das regelmäßige Feedback während des Lernprozesses erleichtern es den Schülerinnen, eigenständig Lernwege zu beschreiten.

Fischer, C. (2010): Kriminell gut experimentieren, 5.-10. Klasse: Mit fesselnden Detektivgeschichten naturwissenschaftliche Kompetenzen trainieren. Krimis mit Kopiervorlagen. Auer, Augsburg

Korthaase, S. (2012): Verblüffende Experimente Naturwissenschaften: Lernplanthemen effektvoll inszenieren. Mit Kopiervorlagen. Auer, Augsburg

Fischer, F., Stegmann, K., Wecker, C., Kollar, I. (2011): Online-Diskussionen in der Hochschullehre. Kooperationsskripts können das fachliche Argumentieren verbessern. Zeitschrift für Pädagogik, 57(3), 326–337

inhaltsbezogene mathematische Standards (D4)

Das Verständnis von Zahlen und Mengen, die Arbeit mit Maßen und Einheiten sowie der Umgang mit Raum und Form sind basale Elemente hinter der inhaltlichen Ausgestaltung des Mathematikunterrichts in der Sekundarstufe. Bereits auf einer so grundlegenden Ebene können Schülerinnen Schwierigkeiten haben, sich für die Bearbeitung von Aufgaben zu orientieren. Entsprechend vielfältig können auch Probleme auftreten. Um diesen zu begegnen, können tägliche Übungen, wie Kopfrechenaufgaben zu Beginn oder am Ende der Unterrichtsstunde als eher spielerische Rituale fest integriert werden. Neben dem Einbezug der sozialen Ebene bei mathematischen Spielen ist der Einbezug körperlicher Erfahrungen hilfreich. Hier kann darauf geachtet werden, Schülern die Gelegenheit zu geben, mathematische Körper selbst herzustellen. Diese aus Papier, Holz oder anderen Materialien gefertigten Körper können dann bei Übungen und Experimenten eingesetzt werden.

Fritz, A., Schmidt, S. (2009): Fördernder Mathematikunterricht in der Sekundarstufe I. Rechenschwierigkeiten erkennen und überwinden. Beltz, Weinheim

Ksiazek, B. (2015): Mathe an Stationen. Figuren und Körper Klasse 8-10: Übungsmaterial zu den Kernthemen der Bildungsstandards. Auer, Augsburg

Link, T., Schwarz, E. J., Huber, S., Fischer, U., Nuerk, H.-C., Cress, U., Moeller, K. (2014): Mathe mit der Matte – Verkörperlichtes Training basisnumerischer Kompetenzen. Zeitschrift für Erziehungswissenschaft, 17(2), 257–277

Schwarzer, P. (2014): Förderheft Mathematik: Sekundarstufe I. Klett, Stuttgart

prozessbezogene mathematische Standards (D5)

Neben inhaltlichen Aspekten werden Schüler der Sekundarstufe befähigt, begründete Vermutungen zu formulieren, Lösungswege aufzustellen und kritisch zu hinterfragen sowie mathematische Darstellungen und Verfahren anzuwenden; es geht also um das mathematische Argumentieren und die Hinführung zum Führen von Beweisen. Diese für Schülerinnen oft abstrakt anmutenden, übergeordneten mathematischen Kompetenzen können beispielsweise durch die Einbettung in konkrete Textaufgaben angeregt werden, die nicht nur durch Ziffern, sondern auch andere Darstellungsformen (Diagramme, Gegenstände) visualisiert werden. Bei der Ergebnispräsentation sollte darauf geachtet werden, den Charakter des gemeinsamen Entdeckens von Mustern und Regelhaftigkeiten zu nutzen. Hier kann auch das Entdecken von mathematischen Mustern und Regelhaftigkeiten im Alltag einen spielerischen Einstieg für Schüler mit geringem mathematischen Selbstkonzept bieten.

Bruder, R., Grave, B., Krüger, U.-H., Meyer, D. (2017): LEMAMOP: Lerngelegenheiten für Mathematisches Argumentieren, Modellieren und Problemlösen. Westermann, Braunschweig

Büchter, A., Herget, W., Leuders, T., Müller, J.-H. (2007): Die Fermi-Box. Für die Klassen 5-7. Friedrich, Seelze

Storz, R. (2018): Mathematik kompetenzorientiert unterrichten: Kommunizieren, Argumentieren und Modellieren / Erprobte Praxis und fundierte Theorie verbinden. Aulis, Velber

Kompetenzen im gesellschaftswissenschaftlichen Bereich (D6)

Ähnlich komplex wie im naturwissenschaftlichen Bereich sind auch die Kompetenzen im gesellschaftswissenschaftlichen Bereich. Sind Schülerinnen in der Sekundarstufe nur begrenzt in der Lage, adäquat mit Quellenmaterial umzugehen, Sachverhalte chronologisch einzuordnen sowie diese in den jeweiligen Fächern erschließen, beschreiben und begründen zu können, fällt ihnen das Verständnis der Inhalte schwer. Zur Unterstützung können themenbezogene Exkursionen, zum Beispiel in Museen, Ausstellungen oder an andere interessante Orte sowie deren Auswertung und thematische Reflexion dienen. Für Schüler, die Schwierigkeiten im selbstständigen Erschließen sozialwissenschaftlicher Phänomene aufweisen, sollte auch hier an kleinschrittige Vorgaben mit Feedbackschleifen (Skripts) gedacht werden. Denkbar wäre zudem das Gründen von Arbeitsgemeinschaften, die sich beispielsweise mit der Herstellung und Aufrechterhaltung von Demokratie beschäftigen. Im historischen Kontext wäre das Einladen von Zeitzeugen eine weitere Option. Hier – wie auch bei der Verwendung von Film- und Videosequenzen – ist zu beachten, dass reines Zuschauen Lernende ganz allgemein in einen passiv-rezeptiven Modus versetzt. Die Arbeit mit audio-visuellem Material sollte also insbesondere für Kinder mit Schwierigkeiten in diesem Bereich übersichtlich strukturiert werden.

Grote, T. (2017): Erdkunde an Stationen SPEZIAL - Naturphänomene und Naturkatastrophen: Übungsmaterial zu den Kernthemen des Lehrplans. Mit Kopiervorlagen. Auer, Augsburg

Rinner, T. (2017): Überblickswissen Geschichte aktiv erarbeiten 7/8: Grundwissen aufbauen - geschichtliche Zusammenhänge erkennen (7. und 8. Klasse). Auer, Augsburg

Schweizer, J. (2017): Demokratie und politische Strukturen Deutschlands: kompetenzorientiert, lebensweltbezogen und aktuell unterrichten Klasse 5-10. Auer, Augsburg

5.2.2 Grundlegende fächerübergreifende Kompetenzen

selbständige Informationsbeschaffung (G1)

Bezüglich der selbstständigen Informationsbeschaffung sollten Schüler in der Sekundarstufe in der Lage sein, Nachschlagewerke zu nutzen, teilweise selbstständig in Bibliotheken und im Internet zu Themen zu recherchieren und die Inhalte und Fundstellen einzuordnen. Zur Förderung dieser Kompetenzen gilt es, Möglichkeiten zur Informationsbeschaffung zu gewährleisten und vorab auch die einzelnen Optionen einer Recherche beziehungsweise der verschiedenen Recherchequellen im Unterricht zu thematisieren. Hier ist es empfehlenswert, mit den Schülern auch Visualisierungen für Rechercheabläufe zu erarbeiten, um jenen, die hier Schwierigkeiten haben, zeiteffizient Hinweise zu geben, wo sie sich im Prozess befinden, was nächste Schritte sind und wie sie vermeiden können, sich bei der Recherche im Netz zu „verlieren". Der Einbezug digitaler Medien stellt in diesem Kontext eine große Ressource für Lehrkräfte dar. Aufgrund des reichen Angebots ist hier jedoch der Rückgriff auf wissenschaftlich fundierte Quellen wie dem Clearinghouse der Technischen Universität München (https://www.clearinghouse.edu.tum.de/, 09.04.2019) oder auch auf die Website https://www.e-teaching.org/ (09.04.2019) des Leibniz-Instituts für Wissensmedien empfehlenswert.

Bühler, P., Schlaich, P. (2016): Medienkompetenz: Digitale Medien verstehen-erstellen-einsetzen. Holland & Josenhans, Stuttgart

Schultze-Krumbholz, A., Zagorscak, P., Roosen-Runge, A., Scheithauer, H. (2018): Medienhelden: Unterrichtsmanual zur Förderung der Medienkompetenz und Prävention von Cybermobbing. Ernst Reinhardt, München/Basel

Strauf, H. (2015): Mediensucht: Abhängigkeiten von digitalen Medien erkennen und vorbeugen (5.-10. Klasse). Persen, Hamburg

Verarbeitung von Lerninhalten (G2)

Haben Schüler Schwierigkeiten beim Auswendiglernen, dem Wissenstransfer, dem Erkennen von Ähnlichkeiten und Unterschieden sowie dem Bilden von Analogien, kann dies in der Sekundarstufe auf weite Bereiche des Lern- und Arbeitsverhaltens Einfluss nehmen. Um die Gedächtnisfähigkeit, grundlegende Denkprozesse inklusive der Informationsverarbeitung bei Schülerinnen zu fördern, können Denk- und Merkspiele aus evaluierten Trainings in den Unterricht integriert werden. Es sollte immer wieder versucht werden, für Schüler mit Schwierigkeiten in diesem Bereich alltagsnahe Beispiele zu finden, um abstrakte Lerninhalte zu illustrieren. In diesem Bereich sollten zur Förderung auch Visualisierungstechniken wie das Mindmapping in die Arbeit im Unterricht integriert werden, um Schülerinnen Methoden an die Hand zu geben, die ihnen mittelfristig das selbstständige Arbeiten ermöglichen.

Harris, G. (2009): Denksportaufgaben für den Mathematikunterricht: 7 Problemlösungsstrategien für die Klassen 5 und 6. Kopiervorlagen mit Lösungen. Auer, Augsburg

Klauer, K. J. (1993): Denktraining für Jugendliche: Ein Programm zur intellektuellen Förderung. Handanweisung. Hogrefe, Göttingen/Berlin/Toronto/Seattle

Svantesson, I. (2012): Mind Mapping und Gedächtnistraining: Übersichtlich strukturieren. Kreativ arbeiten. Sich mehr merken (10. Auflage). Gabal, Offenbach

Erschließen von Lerninhalten (G3)

Um Lerninhalte effektiv erschließen zu können, ist es wichtig, dass Schüler zentrale inhaltliche Aspekte des neuen Lerngegenstandes einerseits herausfiltern und andererseits mit bekanntem Wissen in Beziehung setzen können. Diese Kompetenzaspekte sind in einiger Hinsicht ähnlich zu vorhergehenden Aspekten (G2); hier geht es jedoch stärker darum, dass Schüler Schwierigkeiten haben, ein komplexes Thema bezüglich seiner inhaltlichen Struktur zu erfassen. Auch hier können Visualisierungen als eine Lernstrategie eingesetzt werden. Zusätzlich sollte die zeitliche Dimension berücksichtigt werden. Die Schüler lernen zu beobachten, wie sich ihr Verständnis einer Thematik entwickelt. Dazu können Lerntagebücher oder -protokolle von den Schülern geschrieben werden, wobei die Lehrkraft wieder auf Elemente aus evaluierten Trainings zurückgreifen kann.

Johler, M. (2017): Methodenkompetenz, Lerntechniken - Arbeitstechniken: Sekundarstufe 6-9. Mit Kopiervorlagen. Klippert, Augsburg

Keller, G. (2005): Lern-Methodik-Training: Ein Übungsmanual für die Klassen 5-10. Hogrefe, Göttingen

Schmausser, K. (2018): TÜLT: Tübinger Lernmethodik-Training für Kinder und Jugendliche. Learn2Learn GmbH, Krefeld

Ressourcenmanagement (G4)

Das Ressourcenmanagement umfasst Aspekte der Selbstorganisation der Schülerinnen, wie das Erledigen der Hausaufgaben oder das Lernen für Tests. Konkret bedeutet dies, dass Schüler in der Lage sein müssen, korrekt einzuschätzen, wie viel Zeit sie für bestimmte Aufgaben benötigen und wann sie diese Zeit aufwenden werden. Auf einer abstrakteren Ebene gilt es für sie, einschätzen zu können, wie eine angemessene Unterrichtsvor- und -nachbereitung in ihrem Wochenablauf aussieht. Das Beisammenhalten von Lernmaterialien zählt ebenso hierzu.

Zur Förderung des Lern- und Arbeitsverhaltens können in diesem Zusammenhang Gewohnheiten bezüglich der allgemeinen Ordnung, der Heft(er)führung und des Arbeitsplatzes verstärkt werden. Dies muss nicht durch die Lehrkraft geschehen. Buddy-Systeme und Feedback in Schülergruppen sind gute Möglichkeiten, um Aspekte sozialen Lernens einzubeziehen und gemeinsam am Aufbau von organisatorischen Ressourcen zu arbeiten.

Mönning, P. (2018): Der Schülertrainer: Selbstorganisation: 6 fantasievolle Mini-Lehrgänge. 1. Aufl. AOL, Hamburg

Leseverständnis und Lesetechniken (G5)

Bezüglich des Leseverständnisses wird bei Schülern der Sekundarstufe vorausgesetzt, längere Texte flüssig und sinnentnehmend zu lesen sowie abschnittsweise zusammenfassen zu können. Wie diese Fähigkeit bei den Schülern jedoch im Einzelnen ausgeprägt ist und ob diese je nach Thema, Tageszeit oder Aufgabenstellung variiert, sollte genau beobachtet werden. Bleiben Schwierigkeiten hier unerkannt, können langfristig umfassend auch Motivation und Selbstwertgefühl beeinträchtigt werden, da der Umgang mit Texten pauschal mit negativen Erlebnissen assoziiert wird. Zur Förderung des Textverständnisses kann es hilfreich sein, dass die Schülerinnen einzelne Textabschnitte individuell mit Teilüberschriften zusammenfassen und für jene mit besonderen Schwierigkeiten, diese Strategie zunächst dauerhaft einzusetzen. In Kleingruppen kann zudem ein wechselseitiges Frage-Antwort-Spiel zu Textinhalten angewendet werden.

Um ein Textangebot am Leseverständnis der Schüler zu orientieren, können nach einer Analyse des Leseverständnisses unterschiedliche Texte bereitgestellt werden. Unter Umständen ist es notwendig, Texte in einfacher Sprache zu verfassen. Maße zur Leseverständlichkeit wie der Lesbarkeitsindex (Lix, https://www.psychometrica.de/lix.html, 10.04.2019) oder das Regensburger Analysetool für Texte (Ratte, https://www.uni-regensburg.de/sprache-literatur-kultur/germanistik-did/ratte/index.html, 10.04.2019) können Lehrkräften zur Orientierung dienen.

Lenhard, W., Baier, H., Lenhard, A., Hoffmann, J., Schneider, W. (2013): conText: Förderung des Leseverständnisses durch das Arbeiten mit Texten. Hogrefe, Göttingen

Leubner, M., Franke, C., Metschner, M. (2010): Initiative zur Lesekompetenzförderung: in allen Fächern mit dem Schwerpunkt Lesestrategien. Verfügbar unter http://bildungsserver.berlin-brandenburg.de/fileadmin/bbb/themen/sprachbildung/Lesecurriculum/Lesestrategien/HR_LeseNavigator.pdf, 09.04.2019

Weber, A. (2016b): Packende Geschichten für Lesemuffel: Lesetraining mit lebensnahen Texten und Arbeitsblättern für den Deutschunterricht. Klassen 7-10. Mit Kopiervorlagen. Auer, Augsburg

Kommunikations- und Diskussionsfähigkeit (G6)

Schüler in der Sekundarstufe sollen zunehmend in der Lage sein, einen eigenen Standpunkt zu formulieren, diesen argumentativ zu vertreten und damit umzugehen, dass es eine Vielzahl von Standpunkten geben kann. Hierzu ist es nötig, sich in eine fremde Perspektive hineinversetzen zu können. Diese Fähigkeit ist entwickelbar und kann geübt werden. Der Einsatz der Fishbowl-Methode, von Gruppenpuzzlen oder eine regelmäßige Präsentation von Arbeitsergebnissen mit strukturiertem Feedback nach transparenten Kriterien können diese Kompetenz fördern.

Petermann, F., Petermann, U. (2010): Training mit Jugendlichen: Aufbau von Arbeits- und Sozialverhalten. 9., überarbeitete und erweiterte Aufl. Hogrefe, Göttingen

Trautmann, H., Trautmann, T. (2018): 50 Unterrichtsspiele zur Kommunikationsförderung: Lerninhalte festigen durch Bewegung, Sprache und Darstellung. Auer, Augsburg

Sprachhandlung/Sprachkompetenz (G7)

Ein korrekter Satzbau, ein möglichst umfangreicher Wortschatz sowie eine klare und verständliche Ausdrucksweise können als Kennzeichen einer funktionalen Sprachhandlung verstanden werden. Zur Förderung von Sprachhandlungen können beispielsweise natürliche Sprechsituationen verstärkt initiiert sowie spezifische Erzählanlässe im Unterricht geschaffen werden. Dies kann oft in andere Lehr-Lernformate integriert werden. Auch Diskussionen oder Präsentationen von Inhalten bieten Gelegenheiten, um die Wahrnehmung der Schüler für ihr eigenes Sprechen zu fördern und Peers zurückzumelden, wenn sie Schwierigkeiten haben, deren Sprachhandlungen zu verstehen.

Heitmann, F., Heitmann, N. (2004): Kreatives Erzählen: Sprech- und Schreibanlässe für die Sekundarstufe 1. Persen, Hamburg

Lange, H. (2008): Wie kann ich das ausdrücken? Materialien zur mündlichen und schriftlichen Kommunikation im Deutschunterricht. 5.-7. Schuljahr. Persen, Hamburg

Trautmann, H., Trautmann, T. (2018): 50 Unterrichtsspiele zur Kommunikationsförderung: Lerninhalte festigen durch Bewegung, Sprache und Darstellung. Auer, Augsburg

Aufmerksamkeit/ Konzentration (G8)

Aufmerksamkeit und Konzentration sind Konzepte mit einer zeitlichen Dimension. Wichtig im Umgang mit Schülern, die hier Schwierigkeiten haben, ist es, möglichst genau zu verstehen, wann es ihnen besonders schwer und wann eher leichter fällt, sich zu konzentrieren beziehungsweise ihre Aufmerksamkeit über eine zeitliche Dauer zu fokussieren. Daraufhin empfiehlt es sich, die aktive Verfolgung des Unterrichtsgeschehens einer Schülerin nicht als einen durchgängigen Prozess zu betrachten, sondern eher wie eine Reihe von Phasen erhöhter Konzentration unterbrochen von Pausen. Ein längerfristiger Umgang mit neuen Lerninhalten sowie die selbstständige Arbeit an einem Lerngegenstand erfordern dabei ein hohes Maß an Aufmerksamkeit und Konzentration. Zu ihrer Förderung existieren strukturierte Trainings, aus denen Elemente in Schule und Unterricht integriert werden können. Für einzelne Schülerinnen kann eine kleinschrittige und abwechslungsreiche Struktur von Lern- und Unterrichtseinheiten samt Pausen ebenso förderlich sein wie die Verwendung positiver Verstärker. Bei der Verwendung positiver Verstärker sind eine gute Planung gemeinsam mit dem Schüler sowie einheitliche Absprachen im Team unverzichtbar.

Falkenberg, F. (2017): Volle Konzentration in fünf Minuten: Übungen zur Förderung der Konzentration und Aufnahmefähigkeit im Unterricht. Grundschule/Sekundarstufe I. Auer, Augsburg

Krowatschek, D., Krowatschek, G., Wingert, G. (2017): Marburger Konzentrationstraining für Jugendliche (MKT-J). 4. unveränderte Aufl. verlag modernes lernen, Dortmund

Linderkamp, F., Hennig, T., Schramm, S. A. (2011): ADHS bei Jugendlichen: Das Lerntraining LeJA. Beltz, Weinheim / Basel

Reveland, D., Bastian, J. (2012): Tricky Teens: Ressourcenorientiertes Gruppentraining für Jugendliche mit ADHS. verlag modernes lernen, Dortmund

Sozialverhalten und Empathiefähigkeit (G9)

Neben kognitiven Fähigkeiten sind Schüler der Sekundarstufe zunehmend gefordert, ihre eigenen Gefühle zu (er)kennen, zu benennen, zu kommunizieren und zu reflektieren. Dabei geht es auch darum, die eigenen Grenzen und die Grenzen des Gegenübers im Miteinander zu kennen und zu akzeptieren. Zu wissen, wie ein individuell und gesellschaftlich angemessenes Nähe-Distanz-Verhältnis zu Mitschülern und Lehrkräften geschaffen werden kann, gehört mit in diesen Kompetenzbereich. Elemente aus Trainings zu Konfliktlösungsstrategien sowie themenbezogene Gruppenarbeiten und Rollenspiele können Sozialverhalten und Empathiefähigkeit fördern. Da es um soziale – also immer auch auf den „anderen" bezogene – Fähigkeiten geht, bieten sich umfassendere Trainings mit der gesamten Klasse an. Im Austausch mit Fachkräften (Ärzten, Psychologen, Therapeuten) ist im Hinblick auf diesen Aspekt zu klären, inwiefern Schülerinnen traumatisierende Erfahrungen gemacht haben oder Störungen mit Krankheitswert vorliegen, um als Lehrkraft einen Zugang zu deren individueller Perspektive zu erarbeiten.

Casale, G., Hennemann, T., Hövel, D. (2014): Systematischer Überblick über deutschsprachige schulbasierte Maßnahmen zur Prävention von Verhaltensstörungen in der Sekundarstufe I. Empirische Sonderpädagogik, 1, 33–58

Humpert, W., Dann, H.-D. (2012): KTM kompakt: Basistraining zur Störungsreduktion und Gewaltprävention. 2. überarbeitete und erweiterte Aufl. Hans Huber, Bern / Göttingen / Toronto / Seattle

Jungert, G., Rehder, A., Notz, P., Petermann, F. (2017): Fit for Life: Module und Arbeitsblätter zum Training sozialer Kompetenz für Jugendliche. Mit Online-Materialien. 11. überarbeitete und erweiterte Aufl. Beltz, Weinheim / Basel

Scheithauer, H., Bull, H. D. (2016): fairplayer.manual: Förderung von sozialen Kompetenzen und Zivilcourage - Prävention von Bullying und Schulgewalt. Vandenhoeck & Ruprecht, Göttingen

Schick, A., Cierpka, M. (2011): Faustlos Sekundarstufe: Ein Curriculum zur Förderung sozial-emotionaler Kompetenzen und zur Gewaltprävention. Hogrefe, Göttingen

Adressaten- und zielgerichtete Textproduktion (G10)

Das Schreiben von Protokollen, Interpretationen, Briefen oder anderen Textarten ist ein fester Bestandteil im Unterrichtsgeschehen der Sekundarstufe. Der Einsatz von Brainstorming, Clustern oder Mindmaps dient methodisch der vorbereitenden Ideenfindung. Hier kann bereits mit berücksichtigt werden, wie sich Texte für verschiedene Zielgruppen unterscheiden können. Im Rahmen der Textproduktion hat sich beispielsweise das „Self Regulated Strategy Development" (Graham/Harris 1993) als effektiv erwiesen.

Diepold, P. (2011): Aufsätze schreiben Schritt für Schritt: Bericht 7/8. Mit Kopiervorlagen. Auer, Augsburg

Diepold, P. (2015): Aufsätze schreiben Schritt für Schritt: Textgebundener Aufsatz - Textanalyse 7-10. Mit Kopiervorlagen. Auer, Augsburg

Graham, S., Harris, K. R. (1993): Self-Regulated Strategy Development: Helping Student with Learning Problems Develop as Writers. The Elementary School Journal, 94 (2), 169–181

Lascho, B. (2017): Besseres Ausdrucksvermögen im Aufsatz. Mit CD-ROM. Persen, Hamburg

Fein- und Grobmotorik (G11)

In den Bereich der Motorik fallen beispielsweise die Sauberkeit des Schriftbildes sowie die Ausprägung koordinativer Fähigkeiten bei Bewegungsabläufen auch außerhalb des Sportunterrichts. Hier gilt es in Absprache mit zum Beispiel den Sportlehrkräften, die Beobachtung dieses Aspekts zu schulen und sich Rückmeldungen zu holen. Um Fein- sowie Grobmotorik zu fördern, bietet sich die Arbeit mit Naturmaterialien, das Ertasten von Gegenständen sowie das Schaffen diverser Bewegungsangebote an, die inhaltlich in jeden Fachunterricht integriert werden können. Dazu gehören auch die Bewegung zu Musik und die Orientierung an Rhythmen.

Henning, C., Spellner, C. (2013): Werken an Stationen Klasse 7-8: Übungsmaterial zu den Kernthemen des Lehrplans. Mit Kopiervorlagen. Sekundarstufe I. Auer, Augsburg

Kisch, A., Pauli, S. (2014): Schreibstörungen bei Kindern erkennen und behandeln: Das Praxisbuch für Therapie und Pädagogik. Mit Erläuterungen zum RAVEK-S. verlag modernes lernen, Dortmund

Sinneswahrnehmung (G12)

Der Bereich der Sinneswahrnehmung umfasst die optische und auditive Wahrnehmung von Handlungsabläufen sowie die räumliche Orientierung. Auch in diesem Bereich ist der Input von spezialisierten Fachkräften (Ärztinnen, Sonderpädagoginnen mit dem Schwerpunkt Hören) von großer Bedeutung. Zur Förderung auf einer allgemeineren Ebene können beispielsweise verstärkt Grafiken und Abbildungen zur Erläuterung von Lerninhalten oder Hörspiele eingesetzt werden. Generell gilt es, Reizüberflutungen zu vermeiden und eher fokussierte Erfahrungen zu ermöglichen. Die Gestaltung des Raumes, zusätzliche Hilfsmittel, Geräte zur differenzierten Wahrnehmung sind spezifische Ressourcen, die hilfreich sein können.

Bieligk, M. (2013): 160 Spiel- und Übungsideen zur Förderung der Sinneswahrnehmung bei Kindern und Jugendlichen. Limpert, Wiebelsheim

Flasche, J. (2014): Bergedorfer Signalkarten - Sekundarstufe. Mit CD-ROM. Persen, Hamburg

gesundheitlicher Zustand (G13)

Beeinträchtigungen des gesundheitlichen Zustandes können beispielsweise durch chronische Erkrankungen, psychische Erkrankungen oder Verletzungen mit lang andauerndem Heilungsprozess entstehen. In diesem Zusammenhang ist ganz besonders die Zusammenarbeit mit Ärzten und Therapeuten und nicht zuletzt die Kommunikation mit der Schülerin und den Eltern erforderlich. Auch die indirekt betroffene Klassen- und gegebenenfalls Schulgemeinschaft sollte mitbedacht werden. So können zum Beispiel einzelne Krankheitsbilder feinfühlig (!) im Unterricht thematisiert werden.

Junge, J., Neumer, S.-P., Manz, R., Margraf, J. (2002): Gesundheit und Optimismus GO: Trainingsprogramm für Jugendliche. Psychologie Verlags Union, Weinheim

5.2.3 Motivation

Emotionsregulation (M1)

Der Umgang mit den eigenen Emotionen ist im Allgemeinen eine Herausforderung und darf auch im schulischen Alltag nicht aus den Augen verloren werden. Schüler, die hier Schwierigkeiten haben, können massive Ablenkung aufgrund ihrer Emotionen erfahren. Sie können auch im schulischen Alltag dabei unterstützt werden, kompetenter mit emotionalen Belastungen umzugehen. Um beispielsweise mit Ängsten angemessen umgehen zu können, sollte Schülern ein konstruktiver Umgang in der Klasse vorgelebt werden. Auch passende Formate, die es den Schülern ermöglichen, ihre Gefühle zu benennen, sind ein hilfreiches Werkzeug. Auch hier existieren zahlreiche Trainingsprogramme, die konsultiert werden können. Ein wichtiger Hinweis daraus ist, im Unterricht bewusst Entspannungsphasen einzubauen. Diese können dazu beitragen, dass Schülerinnen (und Lehrkräfte) zur Ruhe kommen und mit etwas Abstand ihre Emotionen besser reflektieren können.

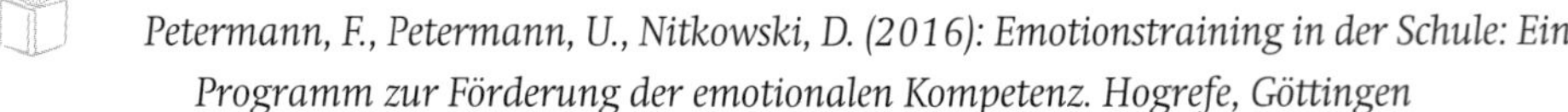

Petermann, F., Petermann, U., Nitkowski, D. (2016): Emotionstraining in der Schule: Ein Programm zur Förderung der emotionalen Kompetenz. Hogrefe, Göttingen

Petrig, G. A., Baisch-Zimmer, S. (2013): Mentaltraining für Jugendliche: Übungen zur Stärkung der Persönlichkeit zum Einsatz in Schule und Jugendarbeit. Beltz, Basel

Riedener-Nussbaum, A. Storch, M. (2018): Ich packs! Selbstmanagement für Jugendliche. Ein Traingsmanual für die Arbeit mit dem Zürcher Ressourcen Modell. 4. Aufl. Hogrefe, Göttingen

Selbstwertgefühl (M2)

Nicht alle Schülerinnen verfügen über den gleichen Willen sich weiterzuentwickeln und haben ein entsprechendes Vertrauen in ihre eigene Handlungs- und Lernfähigkeit. Um mit Schülern über dieses Thema ins Gespräch kommen zu können und es für sie greifbarer zu machen, empfiehlt sich die Arbeit mit Portfolios und Lerntagebüchern. Zu beachten ist hier der Umgang des einzelnen Schülers mit unterschiedlichen Anforderungen, denen mit regelmäßigen und ganz konkreten Rückmeldungen begegnet werden sollte, um Spiralen der Über- oder Unterforderung beziehungsweise Vermeidung vorzubeugen.

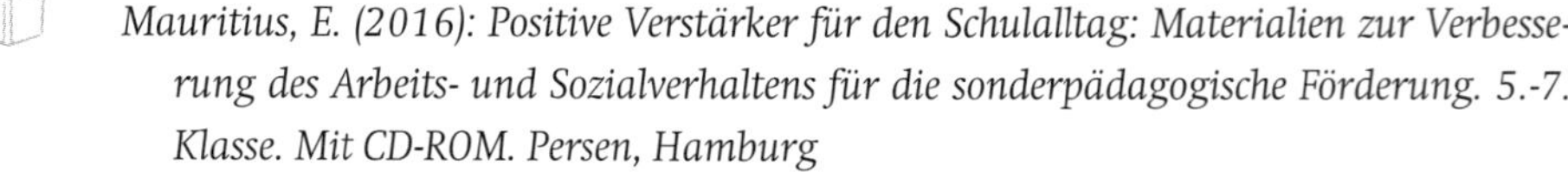

Mauritius, E. (2016): Positive Verstärker für den Schulalltag: Materialien zur Verbesserung des Arbeits- und Sozialverhaltens für die sonderpädagogische Förderung. 5.-7. Klasse. Mit CD-ROM. Persen, Hamburg

Monigl, E., Amerein, B., Stahl-Wagner, C., Behr, M. (2011): Selbstkompetenzen bei Jugendlichen fördern: Das SMS-Trainingshandbuch zur Verbesserung der beruflichen Integration von Haupt- und Realschülern. Hogrefe, Göttingen

Stöger, H. (2007): Förderung von Selbstvertrauen, selbst wahrgenommener Eignung für verschiedene Studienfächer, Interessen und Wahlverhalten durch Rollenmodelle. In: Ludwig, PH, Ludwig, H. (Hrsg.): Erwartungen in himmelblau und rosarot. Effekte, Determinanten und Konsequenzen von Geschlechterdifferenzen in der Schule (Juventa-Materialien). Juventa, Weinheim

Lernzielorientierung und Erfolgserwartung (M3)

Lernzielorientierte Schüler haben Freude am Lernen und an Herausforderungen. Sie wollen ihre Kompetenzen steigern und verfolgen entsprechende Ziele. Um sich realistische Ziele zu setzen, kann es hilfreich sein, diese in einem konkreten Plan zu visualisieren und Fortschritte sowie Rückschritte entsprechend zu kennzeichnen. Phantasiereisen wären eine Möglichkeit, um sich erst mal allgemein Ziele zu stecken, über die man auch in der Sekundarstufe nachdenken darf.

Rheinberg, F. Krug, S. (Hrsg.). (1999): Motivationsförderung im Schulalltag. 2. Aufl. Hogrefe, Göttingen

Schalk, C. (2013): Ziele erreichen: Wie persönliche Veränderung wirklich gelingt. Down to Earth, Berlin

Stein, M. (2015): Fantasiereisen für Schüler: Entspannungsangebote für die Sek I. 2. Aufl. Vandenhoeck & Ruprecht, Göttingen

Interessen (M4)

Neue Lerngegenstände als attraktiv zu empfinden sowie Freude in der Auseinandersetzung mit Aufgaben zu haben, kennzeichnet den Bereich Interesse. Dabei bezieht sich Interesse immer auf konkrete Inhalte! Um das Interesse und die Lernmotivation der Schülerinnen zu fördern, empfiehlt es sich, aktuell bewegende Themen zu erörtern und den Schülern immer wieder Mitbestimmung zu ermöglichen. Im Rahmen von Projektarbeiten können zudem individuelle Interessen berücksichtigt werden. Die interessanten Inhalte sollten dabei immer im direkten Zusammenhang mit den Lehr-Lernzielen stehen, sonst besteht die Gefahr, dass interessante Details (zum Beispiel aufwändige Abbildungen oder die Arbeit mit digitalen Medien) ablenken können.

Aktion Mensch e.V. (2013): Selbstbestimmung: Lernmaterial und Arbeitsmittel für die Klassenstufen 1-12. https://www.aktion-mensch.de/bildung/bildungsservice/materialsuche/detail?id=49, 11.04.2019

Mauritius, E. (2016): Positive Verstärker für den Schulalltag: Materialien zur Verbesserung des Arbeits- und Sozialverhaltens für die sonderpädagogische Förderung. 5.-7. Klasse. Mit CD-ROM. Persen, Hamburg

Wilbert, J. (2010): Förderung der Lernmotivation bei Lernstörungen. Kohlhammer, Stuttgart

5.2.4 Handlungssteuerung

Analysieren von Anforderungen und Problemstellungen (H1)

Um Aufgaben effektiv bewältigen zu können, ist ein umfängliches Verständnis der Aufgabenstellungen der erste Schritt. Das bedeutet auch, dass Schüler eine Vorstellung davon benötigen, welche Teilschritte die Aufgabe beinhaltet, wie ein Ergebnis aussehen könnte und Ideen beziehungsweise Kenntnisse über Lösungswege. Fehlen solche Vorstellungen, können Schüler nur schwerlich Handlungspläne entwickeln und wissen letztlich nicht, wie sie beginnen könnten. Ein wichtiger Ansatzpunkt zur Förderung liegt hier in der Klärung der inhaltlichen Bedeutungen verschiedener Operatoren wie „Erörtere …", „Beschreibe …" etc. und der Verbindung dieser mit konkreten Handlungen. Als diagnostisches Instrument empfiehlt es sich, die Schülerinnen schildern zu lassen, welche Vorstellung der auszuführenden Handlungen sie aufgrund der Aufgabenstellung entwickelt haben.

Matthes, G. (2018): Förderkonzepte einfühlsam und gelingend. Pädagogische Grundlagen und Methoden der Entwicklung individueller Förderkonzepte. verlag modernes Lernen, Dortmund

Hüther, G., Hauser, U. (2018): Würde. Was uns stark macht - als Einzelne und als Gesellschaft. Knaus, München

konsequente Zielrealisierung (H2)

In der Sekundarstufe sind Schüler aufgefordert, Aufgaben eigenständig zu beginnen und selbstgesteckte Ziele zunehmend konsequent zu verfolgen. Dies beinhaltet auch, nach Misserfolgen zu neuer Motivation zu kommen. Das kann nur durch professionelle Hilfe gelingen. Um Zielrealisierungsprozesse zu fördern, gilt es, die individuelle Eigenmotivation zu stärken. Dies kann durch regelmäßiges konstruktives Feedback und die Arbeit an Inhalten, die der Schülerin etwas bedeuten, gelingen. Einen guten Ansatzpunkt bilden Aufgaben, die an dem anknüpfen, was der Schüler bereits kann und die er erfolgreich bewältigt. Erfolge des Schülers, auch in anderen Lernbereichen, werden aufgezeigt und können somit aufzeigen, wo die geforderten Fähigkeiten bereits entwickelt sind. Hier sollte breit gedacht werden: Computerspiele (Was tut die Schülerin, um das nächste Level zu erreichen?), sportliche Aktivitäten oder die erfolgreiche Meisterung sozialer Situationen, wie die Betreuung von Geschwistern, verdeutlichen dem Schüler, dass er vieles schon kann. Daraus kann Kraft für andere Aufgaben geschöpft werden.

Landmann, M., Schmitz, B. (Hrsg.). (2007): Selbstregulation erfolgreich fördern. Praxisnahe Trainingsprogramme für effektives Lernen. 1. Aufl. Kohlhammer, Stuttgart

Matthes, G. (2018): Förderkonzepte einfühlsam und gelingend. Pädagogische Grundlagen und Methoden der Entwicklung individueller Förderkonzepte. verlag modernes Lernen, Dortmund

Handlungsreflexion (H3)

Das kritische Hinterfragen des eigenen Verhaltens sowie das Analysieren der eigenen Stärken und Schwächen ist eine wichtige Lebenskompetenz. Gerade bei Schülern zu Beginn der Sekundarstufe sollte hier mit kleinen Schritten gearbeitet werden, da sich metakognitive, also reflexive Kompetenzen hier erst noch entwickeln. Die Arbeit mit Lerntagebüchern, Portfolios, Reflexionsbögen oder Visualisierungen stellen Ansatzpunkte dar. Zentral ist das Gespräch mit den Schülerinnen über ihre Dokumentationen, so dass die Fachkräfte sich als Modelle für das Reflektieren anbieten. Um Gelegenheiten für Reflexion zu schaffen, kann über einen differenzierten und im Team konsequent abgestimmten Einsatz der Trainingsraum-Methode (auch als „Auszeit" bekannt) nachgedacht werden.

Es sollte immer beachtet werden, dass „Trainingsraum" oder „Auszeit" nicht zur Reflexion anregen können, wenn sie als Strafmaßnahmen eingesetzt werden! Diese brauchen eine gut begleitete Einführung in der Klasse.

Bastian, J., Combe, A., Langer, R. (2016): Feedback-Methoden: Erprobte Konzepte, evaluierte Erfahrungen (4. überarbeitete Auflage). Beltz, Weinheim/Basel

Bründel, H., Simon, E. (2013): Die Trainingsraum-Methode: Unterrichtsstörungen - klare Regeln, klare Konsequenzen. Mit Online-Materialien. 3. erweiterte und aktualisierte Aufl. Beltz, Weinheim/Basel

Maulbetsch, C. (2008): Das reflexive Schreiben: Eine Grundlage für die Portfolioarbeit. Ein Beitrag zur Realisation einer Pädagogik der Person. Kopiervorlagen. Kohl, Kerpen

Umgang mit Schwierigkeiten beim Lernen (H4)

Um adäquat mit auftretenden Problemen im Lernprozess umgehen zu können, sind Ausdauer und psychische Stabilität nötig. Wichtige Stichworte sind in diesem Zusammenhang auch Frustrationstoleranz und Impulskontrolle. Beides sind Kompetenzen, die nicht „mal eben so“ entwickelt werden. Zu einem souveränen Umgang gehört es, sich auch bei Bedarf Unterstützung durch Lehrkräfte sowie gegebenenfalls von Mitschülern holen zu können. Mögliche Ansatzpunkte für die Fokussierung auf einen Lerngegenstand sind für die Schülerinnen individuelle Abschirmungstechniken bezüglich diverser Störfaktoren, um sich auch bei frustrierenden Erlebnissen die eigenen Kompetenzen und Fähigkeiten bewusst zu halten. Positive Peer-Beziehungen gilt es in diesem Zusammenhang aufrechtzuerhalten beziehungsweise zu aktivieren.

Beyer, A., Lohaus, A. (2018): Stressbewältigung im Jugendalter: Ein Trainingsprogramm. 2. überarbeitete Aufl. Therapeutische Praxis: Vol. 38. Hogrefe, Göttingen

Leuphana Universität Lüneburg: MindMatters: Mit psychischer Gesundheit gute Schule entwickeln. http://www.mindmatters-schule.de/, 11.04.2019

Petermann, F., Petermann, U. (2017): Training mit Jugendlichen: Aufbau von Arbeits- und Sozialverhalten. Mit CD-ROM. 10. überarbeitete Aufl. Hogrefe, Göttingen

Steinebach, C., Gharabaghi, K. (Hrsg.) (2013): Resilienzförderung im Jugendalter: Praxis und Perspektiven. Springer, Berlin/Heidelberg

autonomes Lernen und Arbeiten (H5)

Autonom meint hier, dass die Schülerinnen sich selbst als Quelle ihrer Aktivitäten wahrnehmen und ihr Handeln durch die eigene Neugierde und die individuelle Bedeutsamkeit geprägt wird. Zur Förderung sollten sie regelmäßig Raum für das Einbringen eigener Ideen und Themen haben. Das gemeinsame (!) Erstellen von Wochenplänen, bei dem auch Strategien zum Zeitmanagement besprochen werden sollten, kann helfen, Ziele und deren Fortschritte durch Visualisierungen zu verfolgen. So können Schüler auf eigenständiges Überprüfen und Regulieren ihres Lern- und Arbeitsverhaltens vorbereitet werden. Die „Trainingsraum“-Methode kann hier eingesetzt werden, so dass Schüler, die selbst merken, dass sie aus vorher besprochenen Gründen dem Unterricht nicht mehr folgen können, sich dorthin zurückziehen, um wieder arbeitsfähig zu werden. Eine ausführliche Einführung und Begleitung sind Bestandteil der Methode.

Götz, T. (2014): Selbstreguliertes Lernen: Förderung metakognitiver Kompetenzen im Unterricht der Sekundarstufe (5.-10. Klasse). Auer, Augsburg

Unruh, T. (2017): Mein Methoden-Portfolio: Selbständig lernen, Klasse 7-10: Kopiervorlagen. 5. Aufl.. Persen, Hamburg

5.2.5 Soziale Beziehungen und Umwelteinflüsse

Beziehung zu Mitschülern (U1)

Die Beziehungen zu Mitschülern (Peers) sind ein zentraler Aspekt der Entwicklung in der Sekundarstufe und stellen somit einen bedeutsamen Faktor im Umfeld schulischen Lernens dar. Damit Schülerinnen diese als Ressource nutzen können, ist es wichtig, das soziale Miteinander, Respekt und Akzeptanz bewusst zu entwickeln. Da in dieser Entwicklungsphase soziale Vergleiche an Bedeutung gewinnen, ist dies nur durch eine Berücksichtigung der Gruppendynamik und in Abstimmung aller Fachkräfte sinnvoll zu erreichen. Zur Förderung der Peerbeziehungen eignen sich gegenseitige Unterstützungssysteme wie Patenschaften, aber auch strukturierte (!) kooperative Arbeitsformen und partizipative Instrumente, vor allem der Klassenrat. Letzterer kann Verantwortlichkeit der Schüler füreinander etablieren und dessen Beobachtung den Fachkräften wichtige Informationen zur sozialen Dynamik liefern.

Bonanati, M. (2018): Lernentwicklungsgespräche und Partizipation. Rekonstruktion zur Gesprächspraxis zwischen Lehrpersonen, Grundschülern und Eltern. Springer, Wiesbaden

Boer, H. de. (2006): Klassenrat als interaktive Praxis: Auseinandersetzung - Kooperation - Imagepflege. VS Verlag für Sozialwissenschaften, Wiesbaden

Steinebach, C., Schrenk, A., Steinebach, U., Brendtro, L. K. (2018): Positive Peer Culture: Ein Manual für starke Gruppengespräche. Beltz, Weinheim / Basel

Zusammenarbeit Eltern und Lehrkräfte (U2)

Als Grundlage der Zusammenarbeit zwischen Eltern und Lehrkräften spielt der regelmäßige allgemeine – und nicht nur krisenbezogene – Kontakt eine wesentliche Rolle. Eine Orientierung am Prinzip der *Erziehungs- und Bil-*

dungspartnerschaften ist ratsam, wenngleich herausfordernd. Dieser wichtige Einflussfaktor kann an dieser Stelle nicht ausreichend abgehandelt werden. Zwei Aspekte möchten wir betonen: Im Team sollte besprochen werden, welche Haltung gegenüber den Eltern (Erziehungsberechtigten) vorhanden ist. Gleichermaßen sollte reflektiert werden, inwiefern die eigene Haltung eine Barriere für die Kooperation darstellen könne. Zum anderen ist frühzeitig zu überlegen, ob regelmäßige Entwicklungsgespräche von gegebenenfalls externer Moderation (Schulpsychologie) profitieren könnten.

Fürstenau, S., Hawighorst, B. (2008): Gute Schulen durch Zusammenarbeit mit Eltern? Empirische Befunde zu Perspektiven von Eltern und Schule. In: Lohfeld, W.: Gute Schulen in schlechter Gesellschaft. VS Verlag für Sozialwissenschaften, Wiesbaden, 170–185

Hüther, G., Hauser, U. (2018): Würde. Was uns stark macht - als Einzelne und als Gesellschaft. Knaus, München

Stange, W., Krüger, R., Henschel, A., Schmitt, C. (Hrsg.). (2012): Erziehungs- und Bildungspartnerschaften: Grundlagen und Strukturen von Elternarbeit. VS Verlag für Sozialwissenschaften, Wiesbaden

Schüler-Lehrer-Interaktion (U3)

Die Grundlage der lernrelevanten Schüler-Lehrkraft-Interaktionen stellt die Beziehung zwischen ihnen dar, was inzwischen auch durch neurowissenschaftliche Forschung belegt ist (Hattie et al. 2017; Bauer 2006). Die Fachkraft ist in der Verantwortung, aus ihrer professionellen Haltung heraus diese Beziehung bewusst produktiv zu gestalten, wobei kommunikative Kompetenzen eine bedeutende Rolle spielen und Vertrauen ein wichtiges Stichwort darstellt. „Lob" ist hier weder das einzige noch das zentrale Mittel. Ein zentraler Faktor ist es, Schülern auch mit Lehrkräften und im Unterricht zu ermöglichen, über ihr emotionales Erleben in der Schule zu sprechen. Dazu gehören individuelle Gespräche mit Schülerinnen und zuverlässige Reaktionen, die auch unter Kollegen koordiniert und reflektiert werden sollten. Wird zum Beispiel eine Regel im Team besprochen und der Schülerin kommuniziert, sollten alle verlässlich in der gleichen Weise mit dieser Regel umgehen. Die Schüler profitieren davon, dass so das Verhalten der Bezugspersonen transparent wird und Sicherheit bietet.

Bauer, J. (2006): Warum ich fühle, was du fühlst. Intuitive Kommunikation und das Geheimnis der Spiegelneurone (aktualisierte Ausgabe). Heyne, München

Bauer, J. (2007): Lob der Schule. Sieben Perspektiven für Schüler, Eltern und Lehrer. Hoffmann und Campe, München

Beaulieu, D. (2016): Klimazone Klassenzimmer: 88 originelle Techniken für eine bessere Lernatmosphäre. Grundschule und Sekundarstufe I. Auer, Augsburg

Müller, T. (2018): Kinder mit auffälligem Verhalten unterrichten: Fundierte Praxis in der inklusiven Grundschule. Ernst Reinhardt, München

Thömmes, A. (2017): Gemeinsam sind wir stark! Spiele zur Förderung der Klassengemeinschaft in der Sek I. Verlag an der Ruhr, Mühlheim

soziale Situation (U4)

Bezüglich des sozialen Umfelds, in dem Schülerinnen aufwachsen und leben, spielen verschiedene Aspekte eine Rolle: familiäre Belastungen, Wohnsituation, Erkrankungen, Sprachkenntnisse, kulturelle Gewohnheiten sowie allgemein der soziale und finanzielle Status der Familie. Lehrkräfte können im Team (!) an dieser Stelle vor allem indirekt wirken, indem sie über besondere Umstände informiert bleiben, soziale und finanzielle Unterstützungsangebote (z. B. über den Förderverein) und weitere Kontakte vermitteln. Die Kooperation mit Schulsozialarbeit und Schulpsychologie ist unbedingt zu empfehlen, auch um die eigene Unterstützungsarbeit supervidieren zu lassen. Es sollte immer das Mehraugenprinzip gelten!

Fürstenau, S., Hawighorst, B. (2008): Gute Schulen durch Zusammenarbeit mit Eltern? Empirische Befunde zu Perspektiven von Eltern und Schule. In: Lohfeld, W.: Gute Schulen in schlechter Gesellschaft. VS Verlag für Sozialwissenschaften, Wiesbaden, 170–185

Stange, W., Krüger, R., Henschel, A., Schmitt, C. (Hrsg.) (2012): Erziehungs- und Bildungspartnerschaften: Grundlagen und Strukturen von Elternarbeit. VS Verlag für Sozialwissenschaften, Wiesbaden

Lebensstil (U5)

Fragen nach dem Lebensstil der Schüler betreffen ihre Ernährung, sportliche Aktivität und Bewegung, den Schlaf-Wach-Rhythmus sowie die Mediennutzung oder auch den Konsum von Drogen und delinquentes Verhalten. Wichtig für Fachkräfte der Schule ist, zunächst die Bedeutung dieser Umstände für das Lern- und Arbeitsverhalten im Lernumfeld Schule genauer zu verstehen. Wenn möglich sollte dies im Austausch mit dem Schüler geschehen, der gegebenenfalls extern moderiert werden kann. Darüber hinaus ist es auch hier wichtig, informiert zu bleiben und immer in Zusammenarbeit mit weiteren Expertinnen zu handeln, die in der Kommune etabliert sind. Auch Krankenkassen, Präventionsstellen, Polizei und vor allem das Jugendamt können als Partner in gemeinsamer Sache einbezogen werden. Im Sinne einer produktiven Beziehungsgestaltung ist dabei darauf zu achten, dass bei entsprechenden Kooperationen nicht disziplinarische Maßnahmen im Vordergrund stehen.

Dollinger, B., Schmidt-Semisch, H. (Hrsg.) (2018): Handbuch Jugendkriminalität: Kriminologie und Sozialpädagogik im Dialog. 2. Aufl. VS Verlag für Sozialwissenschaften, Wiesbaden

Laufende Ergebnisse der Studie zur Gesundheit von Kindern und Jugendlichen in Deutschland: https://www.kiggs-studie.de/deutsch/home.html

6 Ergebnisse der empirischen Erprobung von FiT-S

Mit jeder Neuerung und Entwicklung sind Fragen nach der Wirksamkeit verbunden. Ist das „Neue" besser als das Altbekannte und Gewohnte? Wo liegen die Stärken des „Neuen"? Für FiT-S stellte sich daher folgende Frage: Inwieweit unterstützen die Materialien von FiT-S die kooperativ gestalteten Lernstandsanalysen einzelner Schülerinnen und Schüler in der Sekundarstufe?

6.1 Durchführung

Um diese Frage beantworten zu können, wurden an weiterführenden Schulen im Land Brandenburg Fallgespräche mit FiT-S durchgeführt. Neun von diesen wurden im Detail aufgezeichnet (audio), anschließend transkribiert und ausgewertet. Parallel dazu wurden die Lehrkräfte zu ihren bisherigen Herangehensweisen an Lernstandserhebungen und Förderplanungen befragt. Im Anschluss an die durchgeführten FiT-S-Fallgespräche schätzten die beteiligten Fachkräfte die Arbeit mit FiT-S in zweierlei Hinsicht ein. Sie reflektierten die im Team gemeinsam entwickelten Förderziele und -maßnahmen und die empfundene Nützlichkeit des Verfahrens.

An dieser Stelle konzentrieren wir uns zunächst auf die vergleichende Auswertung des *Brainstorming zu Stärken und Schwächen* in der ersten Phase von FiT-S und der *Vertiefung durch das Legen der Analysekarten* in der zweiten Phase. Anschließend stellen wir die Ergebnisse der subjektiven Wirksamkeitseinschätzungen dar. Diese werden insgesamt stark zusammengefasst berichtet.

6.2 Datenaufbereitung

In einem ersten Durchgang wurden die Fallgespräche entlang der inhaltlichen Dimensionen des Lernhandlungsmodells (Kap. 2) kodiert. Jede inhaltliche Aussage der Lehrkräfte zur Beschreibung des Lern- und Arbeitsverhaltens der Schüler wurde also einer Dimensionen in der nachfolgend dargestellten Weise zugeordnet.

Dimension domänenspezifische Kompetenzen (rote Karten)

Beispielsequenz aus Phase 1:

[Lehrkraft A]: „In Mathe ist sie nicht besonders gut."

Beispielsequenz aus Phase 2:

[Lehrkraft B liest die Karte zu prozessbezogenen mathematischen Standards vor]: „Prozessbezogene mathematische Standards: mathematisch Argumentieren; Probleme mathematisch Lösen; mathematisch Modellieren; Verwendung mathematischer Darstellungen; Umgang mit symbolischen, formalen und technischen Elementen."

[Lehrkraft D]: „Nicht problematisch."

[Lehrkraft A]: „Doch doch!"

[Lehrkraft D]: „Kann se nicht, also..."

[Lehrkraft A]: „Kann se nicht... kann se nicht."

[Lehrkraft B]: „Problematisch oder sehr?"

[Lehrkraft A]: „Problematisch ist es auf jeden Fall!"

Dimension grundlegende fächerübergreifende Kompetenzen (gelbe Karten)

Beispielsequenz aus Phase 1:

[Lehrkraft H]: „Ich finde er kann sich sehr gut ausdrücken, also argumentativ."

Beispielsequenz aus Phase 2:

[Lehrkraft I liest die Karte zur Sprachhandlung und Sprachkompetenz vor]: „Sprachhandlung Sprachkompetenz: Fähigkeit im Bereich der Semantik und Lexikologie; Fähigkeiten im Bereich der Phonologie und

Phonetik; Fähigkeit in der Morphologie und Syntax; klare und verständliche Ausdrucksweise; Verwendung von Fachtermini."
[Lehrkraft H]: „Kann er, oder?"
[Lehrkraft I]: „Ja. Nicht problematisch."

Dimension Motivation (grüne Karten)

Beispielsequenz aus Phase 1:

[Lehrkraft O]: „Mir fällt gerade ein... die Schulsozialarbeiterin hatte ihn ja mal drei Stunden bei sich, glaub ich, wobei er von den drei Stunden zwei Stunden heulend, wimmernd mit wahnsinniger Ausdauer wie n kleines Baby geweint hat. Und nicht, weil es um ne Mathearbeit ging, ne es ging um ne Deutscharbeit, die er nachschreiben sollte. Da war irgendne Initiation bei ihm, da ging gar nichts mehr und wirklich [räuspern] an die Grenze ran. Das war richtig, ja anstrengend und [räuspern] beängstigend."
[Lehrkraft P]: „Und da hat er auch gesagt, dass er sein Leben hasst, und als die Sozialarbeiterin ihn da später, als er sich wieder beruhigt hat, ihn darauf angesprochen hat: ach das sagt er öfter mal."

Beispielsequenz aus Phase 2:

[Lehrkraft P liest Karte zur Emotionsregulation vor]: „Emotionsregulation: Reaktion bei auftretenden Problemen; Umgang mit besonderen emotionalen Situationen, wie zum Beispiel erste Liebe, Tod von Angehörigen."
[Lehrkraft O]: „Sehr problematisch!"

Dimension Handlungssteuerung (blaue Karten)

Beispielsequenz aus Phase 1:

[Lehrkraft S]: „Sie muss halt sehr viel Selbstvertrauen zu dem Lehrer aufbauen, den kennenlernen, dass sie bereit ist, dann Nachfragen zu stellen."

Beispielsequenz aus Phase 2:

[Lehrkraft T liest Karte zur Analyse von Anforderungen und Problemstellungen vor]: „Analysieren von Anforderungen und Problemstellungen: Aufgabenverständnis; Idee / Kenntnisse von Lösungswegen; Entwicklung von Handlungsplänen. Das ist problematisch, denke ich."

[Lehrkraft S]: „Ja, deswegen haben wir ja dieses, dass das Aufgabenverständnis nochmal abgeklärt werden muss."

[Lehrkraft U]: „Sie kriegt ja auch alle Unterrichtshilfen."

[Lehrkraft S]: „Dass man ihr auch bei den Lösungswegen helfen muss. Also wenn man sagt, erstelle n Dialog ja, aber wie gesagt, wenn die Aufgabenstellung n bisschen verklausulierter ist, dann wird's ganz ganz schwer für sie."

Dimension soziale Beziehungen und Umwelteinflüsse (orange Karten)

Beispielsequenz aus Phase 1:

[Lehrkraft X]: „Er lenkt gerne andere Mitschüler ab und lässt sich auch gerne ablenken und die Mitschüler haben übrigens geäußert, dass er nervt. Also dass er, dass er durch seine Unruhe die andern Mitschüler halt beim Lernen beeinträchtigt."

Beispielsequenz aus Phase 2:

[Lehrkraft Y liest Karte zur Beziehung zu den Mitschülern vor]: „Beziehung zu Mitschülern: Arbeit in Lerngruppen / Teams; Unterstützung durch Peers; Respekt und Akzeptanz durch Mitschüler; Klassenzugehörigkeit. Würd ich auch sagen mindestens problematisch oder sogar sehr problematisch."

[paraverbale Zustimmungsäußerungen].

Bereits anhand dieser Kodierbeispiele wird deutlich, wie die Fokussierung der Diskussionen auf den gemeinsamen Gegenstand der Karten die Verhandlung eines gemeinsamen Verständnisses strukturiert.

Alle anhand der beschriebenen Dimensionen kodierten Aussagen wurden in einem zweiten Durchgang daraufhin sortiert, ob das beschriebene Lern- und Arbeitsverhalten als unproblematisch oder problematisch eingestuft wurde. Für die zuvor dargestellten Beispiele würde der Aspekt der Emotionsregulation aus der Dimension Motivation als problematisch kodiert werden. Als unproblematisch würde demnach das Beispiel der Dimension grundlegende fächerübergreifende Kompetenzen kodiert werden.

6.3 Ergebnisse

Insgesamt konnten 357 inhaltliche Segmente aus den Planungsgesprächen den fünf Dimensionen zugeordnet werden. Davon entfielen 45 Prozent auf Phase 1 und 55 Prozent auf Phase 2, d. h., obwohl die Dauer der Phasen sehr unterschiedlich war und während des Brainstormings nicht die fünf Dimensionen des Modells vorgegeben wurden, konnte das Kodierschema angewendet werden. Daher betrachten wir im Folgenden die relative Verteilung der konkret diskutierten Dimensionen vor und während der Analyse mit FiT-S.

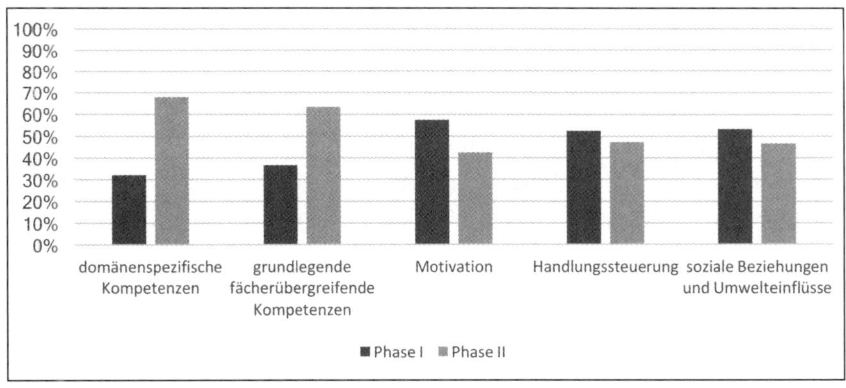

Abb. 9: Relative Verteilung zwischen Phase 1 (Brainstorming zu Beginn) und Phase 2 (intensive Analyse mit FiT-S-Karten) für die während der Planung angesprochenen Dimensionen erfolgreichen Lernhandelns

Abbildung 9 zeigt, dass während der spontanen Diskussion zu Beginn vor allem Motivation, Handlungssteuerung und soziale und Umwelteinflüsse als Faktoren für das Lern- und Arbeitsverhalten der zu fördernden Schüler benannt wurden. Während der Analyse hingegen erhalten domänenspezifische und fächerübergreifende Aspekte ein größeres Gewicht. Wenngleich berücksichtigt werden muss, dass zu den Dimensionen unterschiedlich viele Analysekarten vorhanden sind, entsprechen die Häufigkeiten nicht der Verteilung der Kartenanzahl. Wir sehen zum Beispiel, dass während der durch FiT-S strukturierten Analyse domänenspezifische Aspekte doppelt so häufig diskutiert wurden wie zu Beginn und ähnlich häufig wie fächerübergreifende Aspekte.

mehr Raum für spezifische Aspekte der Sekundarstufe

Das zeigt einerseits, dass FiT-S maßgeblich dazu beiträgt, spezifische Aspekte der Sekundarstufe – vorhandene grundlegende und domänenspezifische Kenntnisse – signifikant häufiger zu berücksichtigen als in einer spontanen Diskussion. Andererseits ermöglicht die geleitete Diskussion den Lehr- und Fachkräften klare Prioritäten zu setzen, da übergreifende Aspekte gleich häufig diskutiert werden, obgleich doppelt so viele Karten dazu vorhanden sind.

FiT-S-Karten unterstützen konkretere Diskussion

Es kommt durch die Analyse mit den FiT-S-Karten also zu einer ausgewogeneren Diskussion der unterschiedlichen relevanten Dimensionen. Die Teams sind gleichzeitig durch FiT-S in der Lage zu priorisieren. Dies zeigen vertiefende Analysen, in denen die diskutierten Inhalte getrennt nach den Aspekten „problematisch“ und „nicht-problematisch“ ausgewertet wurden. Gerade im Bereich der fächerübergreifenden Kompetenzen gelingt es den Teams, viele der Aspekte eindeutig als nicht-problematisch einzuordnen (Abb. 10). Dies ergibt eine effiziente Gesprächsführung, da diese in der folgenden Diskussion außen vor gelassen werden können.

Priorisierung der Analysekarten erhöht Effizienz

Vertiefend wurde verglichen, inwieweit inhaltliche Aspekte in den einzelnen Dimensionen, die in der ersten Phase benannt wurden, sich auch in der zweiten wiederfanden. Die Ergebnisse zeigen, dass lediglich ca. 12 Prozent der Einordnungen übereinstimmen. Die Analyse mit den FiT-S-Karten präzisiert also die Diskussion und deckt neue Aspekte zum Verständnis der Schülerinnen auf. Aufgrund dieser geringen Quote an Übereinstimmungen ist besonders die Verteilung der neu diskutierten Aspekte des Lern- und Arbeitsverhaltens interessant. Zur Illustration sollte auch das Fallbeispiel Luca in Kapitel 4 herangezogen werden.

Diskussion neuer Aspekte durch FiT-S

Dies ermöglicht es, den inhaltlichen Mehrwert der Förderplanung mit FiT-S zu identifizieren. Etwa 41 Prozent der in der zweiten Phase genannten Aspekte tauchen hier zum ersten Mal auf. Von diesen 41 Prozent ordneten die beteiligten Lehr- und Fachkräfte ca. 46 Prozent (68 Segmente) der Aspekte als problematisch und 53 Prozent (79 Segmente) als unproblematisch ein (Abb. 10). Die zusätzlich als unproblematisch eingeordneten Aspekte betreffen zur Hälfte den Bereich „grundlegende fächerübergreifende Kompetenzen“ und zu einem Viertel die Dimension „soziale Beziehungen und Umwelteinflüsse“. Lediglich je fünf Prozent der neu berücksichtigten unproblematischen Aspekte gehörten zu den Dimensionen „Motivation“ oder „Handlungssteuerung“.

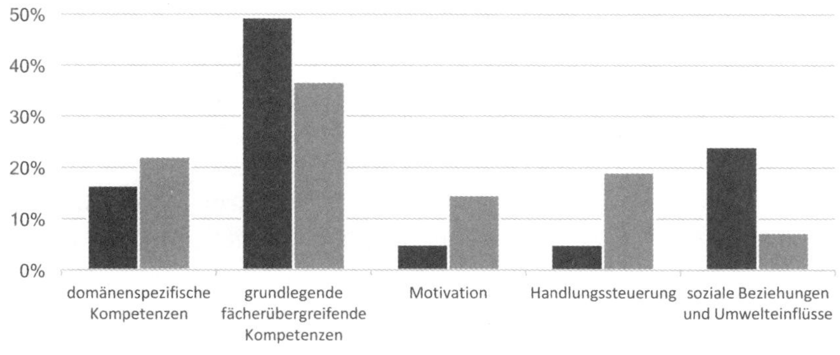

Abb. 10: Prozentuale Verteilung der in Phase 1 zusätzlich eindeutig als unproblematisch (n=79) und als problematisch (n=68) eingeordneten Aspekte nach Dimensionen

Unter den zusätzlich identifizierten problematischen Aspekten entstammen 37 Prozent der Dimension „grundlegende fächerübergreifende Kompetenzen". Auf die Dimensionen „domänenspezifische Kompetenzen" und „Handlungssteuerung" entfielen je etwa ein Fünftel aller zusätzlich als problematisch eingestuften Aspekte. Lediglich ca. sieben Prozent der zusätzlich als problematisch identifizierten Bereiche betrafen „soziale Beziehungen und Umwelteinflüsse".

Es wird deutlich, dass die Arbeit mit den Karten in Phase 2 andere und zusätzliche Schwerpunkte im Lern- und Arbeitsverhalten der Schüler identifiziert. Denn hier wurden viel stärker Aspekte in den Dimensionen grundlegende fächerübergreifenden Kompetenzen sowie domänenspezifische Kompetenzen thematisiert und eingeordnet. Deren stärkere Thematisierung deckt sich mit dem stark fächerdifferenzierten Unterricht in der Sekundarstufe. Zwar ist auch fachliches Wissen wichtig, aber viel bedeutsamer sind in der Sekundarstufe fächerübergreifende Kompetenzen. Dies wurde auch durch die Arbeit mit den Karten deutlich. Denn die dominant als problematisch beziehungsweise unproblematisch von den Lehrkräften eingeordneten Aspekte entfielen jeweils auf den Bereich „grundlegende fächerübergreifende Kompetenzen". Auch hier sind entsprechende Rückschlüsse auf den veränderten Einfluss von Motivation und Handlungssteuerung auf das Lern- und Arbeitsverhalten von Schülerinnen in der Sekundarstufe zulässig.

Teams schätzen FiT-S-Ziele als konkret und verständlich ein

Neben der qualitativen Auswertung der Fallgespräche wurden zusätzlich am Ende der jeweiligen Fallgespräche Reflexionsbögen in Form eines kurzen Fragebogens ausgeteilt, in denen die beteiligten Lehr- und Fachkräfte ihre persönlichen Eindrücke der Arbeit mit FiT-S mitteilen konnten. Die im Team erarbeiteten individuellen Förderziele und -maßnahmen wurden von den beteiligten Lehr- und Fachkräften selbst als konkret und verständlich eingeschätzt. Da diese zudem wussten, wie jeder von ihnen einen Beitrag zu deren Umsetzung leisten kann, war sichergestellt, dass die Ziele und Maßnahmen auch gemeinsam getragen werden. Die Zusammenarbeit mit den Kolleginnen und Kollegen wurde insgesamt sehr positiv eingeschätzt. Dem weiterentwickelten Instrument wurde durchgängig auch eine hohe Verständlichkeit und gute Strukturierung attestiert.

Zeitaufwand lohnt sich

Trotz des recht hohen zeitlichen Aufwandes bestätigten die Lehr- und Fachkräfte dessen Eignung für die Schulpraxis, sodass sie dieses auch erneut anwenden beziehungsweise weiterempfehlen würden. Obwohl zunächst der Wunsch nach vorgegebenen konkreten Vorschlägen zur Förderung geäußert wurde, konnte festgestellt werden, dass auch ohne diese neue Ideen zur Förderung der Schülerinnen und Schüler entwickelt werden konnten. Weiterhin wurde mehrfach bestätigt, dass die Arbeit mit dem Instrument einerseits die Zusammenarbeit im Kollegium fördere und andererseits die Kolleginnen und Kollegen einen ganzheitlicheren Blick auf die Schüler einnehmen und dadurch weniger *bauchgesteuert* agieren.

7 Fazit und Ausblick

FiT-S wurde als Instrument für Lehr- und Fachkräfte an Schulen entwickelt. Es stellt eine beständige Herausforderung dar, Forschungs- und Handlungspraxis so zusammenzuführen, dass ein Mehrwert entsteht. Unsere Erfahrungen und die Evaluation in Kapitel 6 zeigen, dass FiT-S kann, was es soll. Gleichermaßen ist die erfolgreiche Durchführung nur ein Aspekt. In der Praxis findet die Anwendung selbst eines so strukturierten Vorgehens immer im realen Schulkontext statt. Dort sind viele Schülerinnen und häufig nur eine Lehrkraft im Unterricht, Schulpsychologinnen sind für mehrere Tausend Schüler zuständig, Schulleitungen kämpfen mit Personalmangel und Krankenständen, Sonderpädagoginnen betreuen mehrere Schulen und Integrationshelfer sind meist nicht professionalisiert – dies nur einige Aspekte praktischer Hürden.

langfristige Planung gegen praktische Hürden

Zur Einführung in diese Praxis möchten wir die Leserinnen und Leser ermuntern, die Arbeit mit FiT-S im Voraus gut zu planen. Das Vorhaben könnte einer „Task-Force" in die Hände gegeben werden, die Interessierte versammelt und für ein Schuljahr eine kleine Gruppe von Schülern auswählt, für die die gemeinsame Förderplanung umgesetzt werden soll. Wie bei allen Methoden ist ihre Anwendung wichtig. Diese kann besser gelingen, wenn mit der Förderplanung für Schülerinnen begonnen wird, deren Förderung im Kollegium bereits ein gemeinsames Anliegen, eine „Herzensangelegenheit" ist, um erste Erfahrungen mit FiT-S zu sammeln. Auch Schwierigkeiten in der Anwendung sollten offen diskutiert werden. Gerne können diese an uns zurückgemeldet werden. Wir haben uns einer stetigen Weiterentwicklung von FiT-S verschrieben.

Förderplanung im Team als Schulentwicklung

Wie in Kapitel 3 dargestellt, zielt FiT-S auch auf die Entwicklung einer kooperativen Atmosphäre an Schulen ab. Das bedeutet unter Umständen, dass Veränderungen in der Schulkultur nötig sind. Wenn sich nicht mehr nur Sonderpädagogen für die Erstellung von Förderplänen zuständig fühlen, sondern in Teams regelmäßig mehrere professionelle Perspektiven auf eine Schülerin oder einen Schüler zusammengetragen werden, kann dies allgemeine Erwartungen an den Arbeitsalltag an Schulen verändern. FiT-S kann also auch als ein Puzzleteil in einem größeren Veränderungsprozess von

Schulentwicklung verstanden werden. Dies stellt eine Richtung dar, in der wir den Einsatz von FiT-S ausbauen und erproben möchten.

fächerspezifische Kompetenzen weiter differenzieren

Fachspezifische Kompetenzen sind ein weites Feld und werden derzeit von FiT-S nur in Ansätzen abgebildet. Es liegt der Fokus darauf, mit Hilfe der Analysekarten grundsätzlich zu klären, inwiefern Schwierigkeiten und Stärken in bestimmten Fächern auftauchen. Erkennt ein Team, dass es sich um recht spezifische Probleme im fachbezogenen Verständnis bei einer Schülerin handelt, ist eine weitere Feinanalyse unter Fachkollegen ein möglicher nächster Schritt. Darauf geht FiT-S bisher nicht ein. Im Schuljahr 2017/18 wurden in Berlin und Brandenburg neue Rahmenlehrpläne eingeführt, die sehr dezidiert verschiedene Niveaustufen bildungsgangbezogener Anforderungen an Schüler in den einzelnen Fächern je Klassenstufe ausformulieren. Diese haben wir in forschungsbasierten Lehrveranstaltungen und bei Abschlussarbeiten als Grundlage genutzt, um in Pilotprojekten Analysekarten zu entwickeln und auszuprobieren, die für solch eine differenzierte Förderplanung im Fach geeignet sind. Diese sehen wir als weiteres Entwicklungsfeld der Arbeit mit FiT-S.

Arbeit im Team bleibt herausfordernd

Eine versierte Gesprächsführung, Erfahrungen mit Stolpersteinen in der gemeinsamen Förderplanung und ein Blick auf Gruppendynamiken sind mit Sicherheit Aspekte, die die erfolgreiche Anwendung von FiT-S mitbedingen. Insofern deckt das in Kapitel 3 beschriebene Grundprinzip, durch die konkrete Arbeit mit den Analysekarten und Strukturkarten die gemeinsame Aufmerksamkeit zu lenken, nur einen Teil erfolgreicher Zusammenarbeit ab. Zusätzlich zu komplementären Ansätzen zur Förderplanung, die wir bereits erwähnt haben, steht die systematische Überprüfung der Effekte einer Kombination bestimmter Fragetechniken, zum Beispiel dem zirkulären Fragen der systemischen Therapie, mit der Durchführung von FiT-S aus. Eine weitere Ausdifferenzierung der Moderationsrolle steht hier an und soll mit unseren Bemühungen, kooperative Förderplanung bereits im Lehramtsstudium zu verankern, zusammengeführt werden. Gleichzeitig bildet die Veröffentlichung des vorliegenden Manuals eine Grundlage, um systematisch besondere Gelingensbedingungen für den Einsatz von FiT-S in der Schulpraxis zu identifizieren.

Vorbereitung auf Kooperation im Studium

Zur Einführung in die Arbeit mit FiT-S bieten wir regelmäßig Workshops und Fortbildungen an (Kontaktieren Sie gerne uns Autoren!). Dieser Weg der Unterstützung der Förderplanung an den unterschiedlichsten Schulen ist aus unserer Sicht jedoch nur ein Weg. Für die gemeinsame Arbeit an der komplexen Aufgabe, Schüler individuell *im Schulalltag* zu fördern, scheint es notwendig, dass zukünftig Lehrkräfte bereits mit entsprechenden Fähigkeiten ihre professionelle Laufbahn beginnen. An der Universität Potsdam wird FiT-

S daher ab dem Sommersemester 2019 regulär in Seminaren zum Umgang mit heterogenen Lerngruppen als ein Element im Lehramtsstudium aufgegriffen. FiT-S wird dort prototypisch als ein mögliches Vorgehen für strukturierte Zusammenarbeit eingeführt. Wir verstehen dies als einen Grundstein für die stetige professionelle Weiterentwicklung junger Lehrkräfte, die – so vorbereitet – sich weiteren Formaten der multiprofessionellen Kooperation zuwenden und selbst innovativ weiterentwickeln können.

Literatur

Achtziger, A., Gollwitzer, P. M. (2009): Rubikonmodell der Handlungsphasen. In: Brandstätter, V., Otto, J. H. (Hrsg.): Handbuch der Allgemeinen Psychologie - Motivation und Emotion. Hogrefe, Göttingen, 150 – 156

Achtziger, A., Gollwitzer, P. M. (2006): Motivation und Volition im Handlungsverlauf. In: Heckhausen, J., Heckhausen, H. (Hrsg.): Motivation und Handeln. 3. überarbeitete und aktualisierte Aufl. Springer, Heidelberg, 277 – 302

Ainscow, M., Sandill, A. (2010): Developing inclusive education systems: the role of organisational cultures and leaderships. In: International Journal of Inclusive Education 14 (4), 401 – 416

Aktion Mensch e.V. (Hrsg.) (2013): Selbstbestimmung. Lernmaterial und Arbeitsmittel für die Klassenstufen 1-12. Online verfügbar unter https://www.aktion-mensch.de/bildung/bildungsservice/materialsuche/detail?id=49, 09.04.2019.

Artelt, C., Wirth, J. (2014): Kognition und Metakognition. In: Seidel, T., Krapp, A. (Hrsg.): Pädagogische Psychologie. Beltz, Weinheim/Basel, 167 – 192

Aßbeck, J. (2015): Schreibkompetenz-Training im Englischunterricht, Klasse 7/8. Verschiedene Textsorten erschließen und eigene Texte erstellen. Mit Kopiervorlagen. Auer, Augsburg

Bandura, A. (1982): Self-Efficacy Mechanism in Human Agency. In: American Psychologist 37 (2), 122 – 147

Bandura, A. (1978): Self-Efficacy: Toward a unifying theory of behavioral change. In: Advances in Behaviour Research and Therapy 1 (4), 139 – 161

Bandura, A. (1969): Social-Learning Theory of Identificatory Processes. In: Goslin, D. A. (Hrsg.): Handbook of Socialization Theory and Research. Rand McNally & Company, Chicago, 213 – 262

Barron, B. (2003): When Smart Groups Fail. In: The Journal of the Learning Sciences 12 (3), 307 – 359

Bartl, F. (2018): Wortschatzarbeit Latein leicht gemacht. Praxistipps, Methoden und Strategien für erfolgreiches Vokabellernen im Lateinunterricht. Auer, Augsburg

Bastian, J., Combe, A., Langer, R. (2016): Feedback-Methoden. Erprobte Konzepte, evaluierte Erfahrungen. 4. überarbeitete Aufl. Beltz, Weinheim/Basel

Bauer, J. (2007): Lob der Schule. Sieben Perspektiven für Schüler, Eltern und Lehrer. Hoffmann und Campe, München

Bauer, J. (2006): Warum ich fühle, was du fühlst. Intuitive Kommunikation und das Geheimnis der Spiegelneurone. Heyne, München

Beaulieu, D. (2016): Klimazone Klassenzimmer. 88 originelle Techniken für eine bessere Lernatmosphäre. Grundschule und Sekundarstufe I. Auer, Augsburg

Beckmann, J., Heckhausen, H. (2006a): Motivation durch Erwartung und Anreiz. In: Heckhausen, J., Heckhausen, H. (Hrsg.): Motivation und Handeln. 3. überarbeitete und aktualisierte Aufl. Springer, Heidelberg, 105 – 142

Beckmann, J., Heckhausen, H. (2006b): Situative Determinanten des Verhaltens. In: Heckhausen, J., Heckhausen, H. (Hrsg.): Motivation und Handeln. 3. überarbeitete und aktualisierte Aufl. Springer, Heidelberg, 73 – 104

Beetz, A. (2013): Bindung und Emotionsregulationsstrategien bei Jugendlichen mit und ohne emotionale Störungen und Verhaltensauffälligkeiten. In: Empirische Sonderpädagogik (2), 144 – 159

Beyer, A., Lohaus, A. (2018): Stressbewältigung im Jugendalter. Ein Trainingsprogramm. 2., überarb. Aufl. Hogrefe, Göttingen (Therapeutische Praxis, 38)

Bieligk, M. (2013): 160 Spiel- und Übungsideen zur Förderung der Sinneswahrnehmung bei Kindern und Jugendlichen. Limpert, Wiebelsheim

Boer, Heike de (2006): Klassenrat als interaktive Praxis. Auseinandersetzung-Kooperation-Imagepflege. Springer, Wiesbaden

Bölte, S. (2009): Die ICF und ihre Relevanz für die Kinder- und Jugendpsychiatrie. In: Zeitschrift für Kinder- und Jugendpsychiatrie und Psychotherapie 37 (6)

Bonanati, M. (2018): Lernentwicklungsgespräche und Partizipation. Rekonstruktion zur Gesprächspraxis zwischen Lehrpersonen, Grundschülern und Eltern. Springer, Wiesbaden

Bondorf, N. (2012): Profession und Kooperation. Eine Verhältnisbestimmung am Beispiel der Lehrerkooperation. Springer, Wiesbaden

Brake, A., Büchner, P. (2013): Stichwort: Familie, Peers und (informelle) Bildung im Kindes- und Jugendalter. In: Zeitschrift für Erziehungswissenschaft 16 (3), 481 – 502

Bronfenbrenner, U. (1981): Die Ökologie der menschlichen Entwicklung. Klett, Stuttgart

Bruder, R., Grave, B., Krüger, U.-H., Meyer, D. (2017): LEMAMOP. Lerngelegenheiten für Mathematisches Argumentieren, Modellieren und Problemlösen. Westermann, Braunschweig

Bründel, H., Simon, E. (2013): Die Trainingsraum-Methode. Unterrichtsstörungen - klare Regeln, klare Konsequenzen. Mit Online-Materialien. 3., erw. u. aktual. Aufl. Beltz, Weinheim/Basel

Brunstein, J. C., Heckhausen, H. (2006): Leistungsmotivation. In: Heckhausen, J., Heckhausen, H. (Hrsg.): Motivation und Handeln. 3. überarbeitete und aktualisierte Aufl. Springer, Heidelberg, 143 – 192

Bühler, P., Schlaich, P. (2016): Medienkompetenz. Digitale Medien verstehen-erstellen-einsetzen. Holland & Josenhans, Stuttgart

Cannon-Bowers, J. A., Salas, E. (2001): Reflections on shared cognition. In: Journal of Organizational Behavior 22 (2), 195 – 202

Casale, G., Hennemann, T., Hövel, D. (2014): Systematischer Überblick über deutschsprachige schulbasierte Maßnahmen zur Prävention von Verhaltensstörungen in der Sekundarstufe I. In: Empirische Sonderpädagogik, 1, 33–58

Cress, U., Kimmerle, J. (2008): A systemetic and cognitive view on collaborative knowledge building with Wikis. In: International Journal of Computer-Supported Collaborative Learning 3 (2), 105–122

Deci, E. L., Ryan, R. M. (1993): Die Selbstbestimmungstheorie der Motivation und ihre Bedeutung für die Pädagogik. In: Zeitschrift für Pädagogik 39 (2), 223–238 Deppe, U. (2013): Familie, Peers und Bildungsungleichheit. Qualitative Befunde zur interdependenten Bildungsbedeutsamkeit außerschulischer Bildungsorte. In: Zeitschrift für Erziehungswissenschaft 16 (3), 533–552

Diepold, P. (2015): Aufsätze schreiben Schritt für Schritt. Textgebundener Aufsatz - Textanalyse 7-10. Mit Kopiervorlagen. Auer, Augsburg

Diepold, P. (2011): Aufsätze schreiben Schritt für Schritt. Bericht 7/8. Mit Kopiervorlagen. Auer, Augsburg

Dillenbourg, P. (1999): What do you mean by ‚collaborative learning'? In: Dillenbourg, P. (Hrsg.): Collaborative-learning: Cognitive and Computational Approaches. Elsevier, Oxford, 1–1

Dollinger, B., Schmidt-Semisch, H. (Hrsg.) (2018): Handbuch Jugendkriminalität. Interdisziplinäre Perspektiven. 3. vollständig überarbeitete und aktualisierte Aufl. Springer, Wiesbaden

Domsch, H., Krowatschek, D. (2017): Förderpläne - kein Problem: Beobachten-entwickeln-durchführen-evaluieren. (1.-10. Klasse). AOL, Hamburg

Donle, L. (2018): Struktur-Lege-Verfahren zur Analyse von Lernhandlungen - der Einfluss von Motivation und fachspezifischem Wissen auf den Fremdsprachenunterricht der Sekundarstufe I im Fach Englisch. Masterarbeit. Universität Potsdam, Potsdam

Ecarius, J. (2015): Familie und Jugend. In: Sandring, S., Helsper, W., Krüger, H.-H. (Hrsg.): Jugend. Theoriediskurse und Forschungsfelder. Springer, Wiesbaden, 89–104

Eckhardt, G. (2013): Entwicklungs- und Pädagogische Psychologie. Zentrale Schriften und Persönlichkeiten. Springer, Wiesbaden

Emmer, A., Hofmann, B., Matthes, G. (2007): Elementares Training bei Kindern mit Lernschwierigkeiten. Beltz, Weinheim/Basel

Engelmann, T., Kolodziej, R., Hesse, F. W. (2014): Preventing undesirable effects of mutual trust and the development of scepticism in virtual groups by applying the knowledge and information awareness approach. In: International Journal of Computer-Supported Collaborative Learning 9 (2), 211–235

Falkenberg, F. (2017): Volle Konzentration in fünf Minuten. Übungen zur Förderung der Konzentration und Aufnahmefähigkeit im Unterricht. Grundschule/Sekundarstufe I. Auer, Augsburg

Fend, H. (2000): Entwicklungspsychologie des Jugendalters. Ein Lehrbuch für pädagogische und psychologische Berufe. Leske und Budrich, Opladen

Ferencik-Lehmkuhl, D., Bremerich-Vos, A., Schwinning, S. (2015): Schreiben und Lesen fördern. Vorschläge zur Praxis des Deutschunterrichts. Hrsg. v. Wilfried Bos und Heike Wendt. Münster (Ganz In - Materialien für die Praxis). Online verfügbar unter http://www.pedocs.de/volltexte/2017/14027/pdf/Ferencik_Lehmkuhl_et_al_2015_Scheiben_und_Lesen_foerdern.pdf, 09.04.2019

Fischer, C. (2010): Kriminell gut experimentieren, 5.-10. Klasse. Mit fesselnden Detektivgeschichten naturwissenschaftliche Kompetenzen trainieren. Krimis mit Kopiervorlagen. Auer, Augsburg

Fischer, F., Stegmann, K., Wecker, C., Kollar, I. (2011): Online-Diskussionen in der Hochschullehre. Kooperationsskripts können das fachliche Argumentieren verbessern. In: Zeitschrift für Pädagogik 57 (3), 326 – 336

Flasche, J. (2014): Bergedorfer Signalkarten - Sekundarstufe. Mit CD-ROM. Persen, Hamburg

Flott-Tönjes, U., Albers, S., Ludwig, M., Schumacher, H., Storcks-Kemming, B., Thamm, J., Witt, H. (2018): Fördern planen: Ein sonderpädagogisches Planungs- und Beratungskonzept für Förderschulen und Schulen des Gemeinsamen Lernens. (Lehren und Lernen mit behinderten Menschen). 2. Aufl. ATHENA, Oberhausen

Frey, D. (2000): Kooperationskultur aus sozialpsychologischer Sicht. In: Mandl, H., Reinmann-Rothmeier, G. (Hrsg.): Wissensmanagement: Informationszuwachs - Wissensschwund? Die strategische Bedeutung des Wissensmanagements. De Gruyter Oldenbourg, München/Wien, 73 – 92

Friend, M., Cook, L., Hurley-Chamberlain, D., Shamberger, C. (2010): Co-Teaching: An Illustration of the Complexitiy of Collaboration in Special Education. In: Journal of Educational and Psychological Consultation 20 (1), 9 – 27

Fry, A. F., Hale, S. (1996): Processing speed, working memory, and fluid intelligence: Evidence for a developmental cascade. In: Psychological Science 7 (4), 237 – 241

Fürstenau, S., Hawighorst, B. (2008): Gute Schulen durch Zusammenarbeit mit Eltern? Empirische Befunde zu Perspektiven von Eltern und Schule. In: Lohfeld, W. (Hrsg.): Gute Schulen in schlechter Gesellschaft. VS Verlag für Sozialwissenschaften, Wiesbaden, 170 – 185

Gailberger, S., Willenberg, H. (2008): Leseverstehen Deutsch. In: DESI-Konsortium (Hrsg.): Unterricht und Kompetenzerwerb in Deutsch und Englisch. Ergebnisse der DESI-Studie. Beltz, Weinheim/Basel, 60 – 71. Online verfügbar unter http://www.pedocs.de/volltexte/2013/3505/pdf/Gailberger_Willenberg_Leseverstehen_2008.pdf, 09.04.2019

Galuschka, K., Schulte-Körne, G. (2015): Evidenzbasierte Interventionsansätze und forschungsbasierte Programme zur Förderung der Leseleistung bei Kindern und Jugendlichen mit Lesestörung - Ein systematisches Review. In: Zeitschrift für Erziehungswissenschaft 18 (3), 473 – 487

Gasteiger-Klicpera, B., Klicpera, C. (2014): Lese-Rechtschreibschwäche. In: Lauth, G. W., Grünke, M., Brunstein, J. C. (Hrsg.): Interventionen bei Lernstörungen. Förderungen, Training und Therapie in der Praxis. 2., überarb. u. erw. Aufl. Hogrefe, Göttingen, 56–65

Gebhard, S., Happe, C., Paape, M., Riestenpatt, J., Vägler, A., Wollenweber, K. U., Castello, A. (2014): Merkmale und Bewertung der Kooperation von Sonderpädagogen und Regelschullehrkräften in inklusiven Unterrichtssettings. In: Empirische Sonderpädagogik 6 (1), 17–32

Giangreco, M. F., Suter, J. C., Doyle, M. B. (2010): Paraprofessionals in Inclusive Schools: A Review of Recent Research. In: Journal of Educational and Psychological Consultation 20 (1), 41–57

Giest, H., Lompscher, J. (2006): Lerntätigkeit - Lernen aus kulturhistorischer Perspektive. Ein Beitrag zur Entwicklung einer neuen Lernkultur im Unterricht. Lehmanns, Berlin (15)

Gläser-Zikuda, M. (2007): Training selbstregulierten Lernens auf der Basis des Portfolio-Ansatzes. In: Landmann, M., Schmitz, B. (Hrsg.): Selbstregulation erfolgreich fördern. Praxisnahe Trainingsprogramme für effektives Lernen, 111-130. Kohlhammer, Stuttgart

Gnambs, T., Hanfstingl, B. (2016): The decline of academic motivation during adolescence: an accelerated longitudinal cohort analysis on the effect of psychological need satisfaction. In: Educational Psychology 36 (9), 1691–1705

Göhlich, M., Zirfas, J. (2007): Lernen. Ein pädagogischer Grundbegriff. Kohlhammer, Stuttgart

Götz, T. (2014): Selbstreguliertes Lernen. Förderung metakognitiver Kompetenzen im Unterricht der Sekundarstufe (5.-10. Klasse). Auer, Augsburg

Graham, S., Harris, K. R. (1993): Self-Regulated Strategy Development: Helping Student with Learning Problems. Develop as Writers. In: The Elementary School Journal 94 (2), 169–181

Gräsel, C., Fußangel, K., Pröbstel, C. (2006): Lehrkräfte zur Kooperation anregen - eine Aufgabe für Sisyphos? In: Zeitschrift für Pädagogik 52 (2), 205–219

Grote, T. (2017): Erdkunde an Stationen SPEZIAL - Naturphänomene und Naturkatastrophen. Übungsmaterial zu den Kernthemen des Lehrplans. Mit Kopiervorlagen. Auer, Augsburg

Grotlüschen, A., Buddeberg, K. (2019): Geringe Literalität unter Erwachsenen in Deutschland. In: G. Quenzel, K. Hurrelmann (Hrsg.): Handbuch Bildungsarmut. Springer, Wiesbaden, 341–361

Gruber, H., Stamouli, E. (2009): Intelligenz und Vorwissen. In: Wild, E., Möller, J. (Hrsg.): Pädagogische Psychologie. Springer, Berlin/Heidelberg, 27–47

Guldimann, T., Lauth, G. W. (2014): Förderung der Metakognition und strategischem Lernen. In: Lauth, G. W., Grünke, M. und Brunstein, J. C. (Hrsg.): Interventionen bei

Lernstörungen. Förderungen, Training und Therapie in der Praxis. 2., überarb. u. erw. Aufl. Hogrefe, Göttingen, 341–352

Hannover, B., Zander, L., Wolter, I. (2014): Entwicklung, Sozialisation und Lernen. In: Seidel, T., Krapp, A. (Hrsg.): Pädagogische Psychologie. Beltz, Weinheim/Basel, 139–166

Harris, G. (2009): Denksportaufgaben für den Mathematikunterricht. 7 Problemlösungsstrategien für die Klassen 5 und 6. Kopiervorlagen mit Lösungen. Auer, Augsburg

Harsch, C., Schröder, K., Neumann, A. (2008): Schreiben Englisch. In: DESI-Konsortium (Hrsg.): Unterricht und Kompetenzerwerb in Deutsch und Englisch. Ergebnisse der DESI-Studie. Beltz, Weinheim/Basel, 139–148. Online verfügbar unter http://www.pedocs.de/volltexte/2013/3513/pdf/Harsch_Schroeder_Neumann_Schreiben_Englisch_2008.pdf, 09.04.2019

Hascher, T. (2005): Emotionen im Schulalltag: Wirkungen und Regulationsformen. In: Zeitschrift für Pädagogik 51 (5), 610–625

Hasselhorn, M., Gold, A. (2009): Pädagogische Psychologie. Erfolgreiches Lernen und Lehren. 2. durchgesehene Aufl. Kohlhammer, Stuttgart

Hattie, J., Zierer, K., Beywl, W. (2017): Lernen sichtbar machen für Lehrpersonen: Überarbeitete deutschsprachige Ausgabe von „Visible Learning for Teachers“ 3. Aufl. Schneider, Baltmannsweiler

Heckhausen, J., Heckhausen, H. (2006): Motivation und Handeln: Einführung und Überblick. In: Heckhausen, J., Heckhausen, H. (Hrsg.): Motivation und Handeln. 3. überarbeitete und aktualisierte Aufl. Springer, Heidelberg, 1–9

Heimlich, U., Lutz, S., Wilfert de Icaza, K. (2018): Ratgeber Förderplanung: Individuelle Lernförderung im Förderschwerpunkt Lernen (1.-9. Klasse). (Bergedorfer Grundsteine Schulalltag – SoPäd). Persen, Hamburg

Heinrich, M., Lübeck, A. (2013): Hilflose häkelnde Helfer? Zur pädagogischen Rationalität von Integrationshelfer/inne/n im inklusiven Unterricht. In: bildungsforschung 10 (1)

Heitmann, F., Heitmann, N. (2004): Kreatives Erzählen. Sprech- und Schreibanlässe für die Sekundarstufe 1. Persen, Hamburg

Hellmich, F., Hoya, F., Görel, G., Schwab, S. (2017): Unter welchen Voraussetzungen kooperieren Grundschullehrkräfte im inklusiven Unterricht? – Eine Studie zu den Bedingungen der Kooperationsbereitschaft von Grundschullehrerinnen und -lehrern im inklusiven Unterricht. In: Empirische Sonderpädagogik (1), 36–51

Helmke, A. (1998): Vom Optimisten zum Realisten? Zur Entwicklung des Fähigkeitsselbstkonzeptes vom Kindergarten bis zur 6. Klassenstufe. In: Weinert, F. E. (Hrsg.): Entwicklung im Kindesalter. Beltz, Weinheim, 115–132

Helmke, A., Schrader, F.-W., Wagner, W., Nold, G., Schröder, K. (2008): Selbstkonzept, Motivation und Englischleistung. In: DESI-Konsortium (Hrsg.): Unterricht und Kompetenzerwerb in Deutsch und Englisch. Ergebnisse der DESI-Studie. Beltz, Weinheim/Basel, 244–257. Online verfügbar unter http://www.pedocs.de/volltexte/2013/3518/

pdf/Helmke_Schrader_Wagner_Selbstkonzept_Motivation_Englischleistung_2008.pdf, 09.04.2019

Helsper, W. (2015): Schülerbiographie und Schülerhabitus. In: Sandring, S., Helsper, W. und Krüger, H.-H. (Hrsg.): Jugend. Theoriediskurse und Forschungsfelder. Springer, Wiesbaden, 131–159

Henning, C., Spellner, C. (2013): Werken an Stationen Klasse 7-8. Übungsmaterial zu den Kernthemen des Lehrplans. Mit Kopiervorlagen. Sekundarstufe I. Auer, Augsburg

Hofer, M., Reinders, H., Fries, S., Clausen, M., Schmid, S., Dietz, F. (2005): Zur Theorie motivationaler Handlungskonflikte. Ein differentieller Ansatz zum Zusammenhang zwischen Werten und schulischer Lernmotivation. In: Zeitschrift für Pädagogik 51 (3), 326–341

Humpert, W., Dann, H. (2012): KTM kompakt. Basistraining zur Störungsreduktion und Gewaltprävention. 2., überarb. u. erw. Aufl. Hans Huber, Bern/Göttingen/Toronto/Seattle

Hüther, G. (2010): Wie lernen Kinder? Voraussetzungen für gelingende Bildungsprozesse aus neurobiologischer Sicht. In: Caspary, R. (Hrsg.): Lernen und Gehirn. Der Weg zu einer neuen Pädagogik. Herder, Freiburg, 70–84

Hüther, G., Hauser, U. (2018): Würde. Was uns stark macht - als Einzelne und als Gesellschaft. Knaus, München

Hüther, G., Hauser, U. (2013): Jedes Kind ist hochbegabt: Die angeborenen Talente unserer Kinder und was wir aus ihnen machen. Btb, München

Ittel, A., Latzel, N. (2007): Internetnutzung, soziale Integration und psychosoziale Anpassung in Kindheit und Jugend. In: Diskurs Kindheits- und Jugendforschung 2 (1), 67–82

Johler, M. (2017): Methodenkompetenz, Lerntechniken - Arbeitstechniken. Sekundarstufe 6-9. Mit Kopiervorlagen. Klippert, Augsburg

Johler, M. (2016): Deutsch 5-7, Groß- und Kleinschreibung - Kommasetzung. Sekundarstufe. Kopiervorlagen. Klippert, Augsburg

Johnson-Laird, P. N. (2001): Mental models and deduction. In: Trends in Cognitive Sciences 5 (10), 434–442

Junge, J., Neumer, S.-P., Manz, R., Margraf, J. (2002): Gesundheit und Optimismus GO. Trainingsprogramm für Jugendliche. Psychologie Verlags Union, Weinheim

Jungert, G., Rehder, A., Notz, P., Petermann, F. (2017): Fit for Life. Module und Arbeitsblätter zum Training sozialer Kompetenz für Jugendliche. Mit Online-Materialien. 11. überarbeitete und erweiterte. Beltz, Weinheim/Basel

Jurkowski, S., Müller, B. (2018): Co-teaching in inclusive classes: The development of multiprofessional cooperation in teaching dyads. In: Teaching and Teacher Education 75, 224–231

Keller, G. (2005): Lern-Methodik-Training. Ein Übungsmanual für die Klassen 5-10. Hogrefe, Göttingen

Kemper, T., Weishaupt, H. (2011): Region und soziale Ungleichheit. In: Reinders, H., Ditton, H., Gräsel, C. und Gniewosz, B. (Hrsg.): Empirische Bildungsforschung. Gegenstandsbereiche. VS Verlag für Sozialwissenschaften, Wiesbaden, 209–219

Kisch, A., Pauli, S. (2014): Schreibstörungen bei Kindern erkennen und behandeln. Das Praxisbuch für Therapie und Pädagogik. Mit Erläuterungen zum RAVEK-S. verlag modernes lernen, Dortmund

Klauer, K. J. (1993): Denktraining für Jugendliche. Ein Programm zur intellektuellen Förderung. Handanweisung. Hogrefe, Göttingen/Berlin/Toronto/Seattle

Kleinbeck, U. (2006): Handlungsziele. In: Heckhausen, J., Heckhausen, H. (Hrsg.): Motivation und Handeln. 3., überarb. u. aktual. Aufl. Springer, Heidelberg, 255–276

Klieme, E., Artelt, C., Hartig, J., Jude, N., Köller, O., Prenzel, M., Schneider, W., Stanat, P. (Hrsg.) (2010): PISA 2009. Bilanz nach einem Jahrzehnt. Waxmann, Münster

Knigge, M. (2009): Hauptschüler als Bildungsverlierer? Eine Studie zu Stigma und selbstbezogenem Wissen bei einer gesellschaftlichen Problemgruppe (Pädagogische Psychologie und Entwicklungspsychologie). Waxmann, Münster

Konrad, K., König, J. (2018): Biologische Veränderungen. In: Lohaus, A. (Hrsg.): Entwicklungspsychologie des Jugendalters. Springer, Berlin, 1–21

Korthaase, S. (2012): Verblüffende Experimente Naturwissenschaften. Lernplanthemen effektvoll inszenieren. Mit Kopiervorlagen. Auer, Augsburg

Krapp, A. (1993): Lernstrategien: Konzepte, Methoden und Befunde. In: Unterrichtswissenschaft 21 (4), 291–311

Krapp, A., Ryan, R. M. (2002): Selbstwirksamkeit und Lernmotivation. Eine kritische Betrachtung der Theorie von Bandura aus der Sicht der Selbstbestimmungstheorie und der pädagogisch-psychologischen Interessentheorie. In: Jerusalem, M., Hopf, D. (Hrsg.): Selbstwirksamkeit und Motivationsprozesse in Bildungsinstitutionen. Beltz, Weinheim (Zeitschrift für Pädagogik, 44), 54–82

Krauskopf, K., Knigge, M. (2017): Multiprofessionelle Kooperationsbereitschaft als Facette (inklusions-)pädagogischer Kompetenz angehender Lehrkräfte. In: McElvany, N., Bos, W., Holtappels, H. G., Hasselhorn, J., Ohle, A. (Hrsg.): Bedingungen gelingender Lern- und Bildungsprozesse - Aktuelle Befunde und Perspektiven für die Empirische Bildungsforschung. Waxmann, Münster/New York (2)

Kretschmann, R. (2007): Schulalter. In: Walter, J., Wember, F. B. (Hrsg.): Sonderpädagogik des Lernens. Hogrefe, Göttingen (Handbuch Sonderpädagogik, 2), 245–266

Krowatschek, D., Krowatschek, G., Wingert, G. (2017): Marburger Konzentrationstraining für Jugendliche (MKT-J). 4. unveränderte Aufl. verlag modernes lernen, Dortmund

Ksiazek, B. (2015): Mathe an Stationen. Figuren und Körper Klasse 8-10. Übungsmaterial zu den Kernthemen der Bildungsstandards. Auer, Augsburg

Kuhl, J. (2006): Individuelle Unterschiede in der Selbststeuerung. In: Heckhausen, J., Heckhausen, H. (Hrsg.): Motivation und Handeln. 3., überarb. u. aktual. Aufl. Springer, Heidelberg, 303–330

Lange, H. (2008): Wie kann ich das ausdrücken? Materialien zur mündlichen und schriftlichen Kommunikation im Deutschunterricht. 5.-7. Schuljahr. Persen, Hamburg

Largo, R. H. (2014): Lernen geht anders: Bildung und Erziehung vom Kind her Denken. Piper, München/Zürich

Lascho, B. (2017): Besseres Ausdrucksvermögen im Aufsatz. Mit CD-ROM. Persen, Hamburg

Lenhard, W., Baier, H., Lenhard, A., Hoffmann, J., Schneider, W. (2013): conText. Förderung des Leseverständnisses durch das Arbeiten mit Texten. Hogrefe, Göttingen

Leubner, M., Franke, C., Metschner, M. (2010): Initiative zur Lesekompetenzförderung. in allen Fächern mit dem Schwerpunkt Lesestrategien. Hrsg. v. LISUM. Ludwigsfelde-Struveshof. Online verfügbar unter http://bildungsserver.berlin-brandenburg.de/fileadmin/bbb/themen/sprachbildung/Lesecurriculum/Lesestrategien/HR_LeseNavigator.pdf, 09.04.2019

Leuphana Universität Lüneburg: MindMatters. Mit psychischer Gesundheit gute Schule entwickeln. Online verfügbar unter http://www.mindmatters-schule.de/, 09.04.2019

Lindberg, S., Hasselhorn, M. (2018): Kognitive Entwicklung. In: Lohaus, A. (Hrsg.): Entwicklungspsychologie des Jugendalters. Springer, Berlin , 51–73

Linderkamp, F., Hennig, T., Schramm, S. A. (2011): ADHS bei Jugendlichen. Das Lerntraining LeJA. Beltz, Weinheim/Basel

Link, T., Schwarz, E.-J., Huber, S., Fischer, U., Nuerk, H.-C., Cress, U., Moeller, K. (2014): Mathe mit der Matte - Verkörperlichtes Training basisnumerischer Kompetenzen. In: Zeitschrift für Erziehungswissenschaft 17 (2), 257–277

Lorenz, J. H. (2014): Rechenschwäche. In: Lauth, G. W., Grünke, M., Brunstein, J. C. (Hrsg.): Interventionen bei Lernstörungen. Förderungen, Training und Therapie in der Praxis. 2., überarb. u. erw. Aufl. Hogrefe, Göttingen, 43–55

Lütje-Klose, B., Urban, M. (2014): Professionelle Kooperation als wesentliche Bedingung inklusiver Schul- und Unterrichtsentwicklung. Grundlagen und Modelle inklusiver Kooperation - Teil 1. In: Vierteljahresschrift für Heilpädagogik und ihre Nachbargebiete (2), 112–123

Machowiak, K., Lauth, G. W., Spieß, R. (2008): Förderung von Lernprozessen. Kohlhammer, Stuttgart

Mandl, H., Friedrich, H. F. (Hrsg.) (1992): Lern- und Denkstrategien. Analyse und Intervention. Hogrefe, Göttingen

Matthes, G. (2018): Förderkonzepte einfühlsam und gelingend. Psychologische Grundlagen und Methoden der Entwicklung individueller Förderkonzepte. verlag modernes lernen, Dortmund

Matthes, G. (2009): Individuelle Lernförderung bei Lernstörungen. Verknüpfung von Diagnostik, Förderplanung und Unterstützung des Lernens. Kohlhammer, Stuttgart

Maulbetsch, C. (2008): Das reflexive Schreiben. Eine Grundlage für die Portfolioarbeit. Ein Beitrag zur Realisation einer Pädagogik der Person. Kopiervorlagen. Kohl, Kerpen

Mauritius, E. (2016): Positive Verstärker für den Schulalltag. Materialien zur Verbesserung des Arbeits- und Sozialverhaltens für die sonderpädagogische Förderung. 5.-7. Klasse. Mit CD-ROM. Persen, Hamburg

May, Y. (2016): Einführungsstunden Grammatik Deutsch Klassen 7/8. Durch schülernahe Kontexte motivierend unterrichten. Mit Kopiervorlagen. Auer, Augsburg

Melzer, C. (2014): Kooperative Förderplanung. In: Popp, K., Methner, A. (Hrsg.): Schülerinnen und Schüler mit herausforderndem Verhalten. Hilfen für die schulische Praxis. Stuttgart: Kohlhammer, 276–292

Methner, A., Melzer, C., Popp, K. (2013): Kooperative Beratung. Kohlhammer, Stuttgart (Fördern lernen, 13)

Mittag, W., Kleine, D., Jerusalem, M. (2002): Evaluation der schulbezogenen Selbstwirksamkeit von Sekundarschülern. In: Jerusalem, M., Hopf, D. (Hrsg.): Selbstwirksamkeit und Motivationsprozesse in Bildungsinstitutionen. Beltz, Weinheim (Zeitschrift für Pädagogik, 44), 145–173

Monigl, E., Amerein, B., Stahl-Wagner, C., Behr, M. (2011): Selbstkompetenzen bei Jugendlichen fördern. Das SMS-Trainingshandbuch zur Verbesserung der beruflichen Integration von Haupt- und Realschülern. Hogrefe, Göttingen

Müller, C. M., Minger, M. (2013): Welche Kinder und Jugendliche werden am stärksten durch die Peers beeinflusst? Eine systematische Übersicht für den Bereich dissozialen Verhaltens. In: Empirische Sonderpädagogik (2), 107–129

Mutzeck, W. (2005): Kooperative Beratung. Grundlagen und Methoden der Beratung und Supervision im Berufsalltag. 5. aktualisierte Aufl. Beltz, Weinheim/Basel (Pädagogik, 175)

Mutzeck, W., Jogschies, P. (2007): Förderplanung. Grundlagen-Methoden-Alternativen. Beltz, Weinheim/Basel

Neumann, A., Lehmann, R. H. (2008): Schreiben Deutsch. In: DESI-Konsortium (Hrsg.): Unterricht und Kompetenzerwerb in Deutsch und Englisch. Ergebnisse der DESI-Studie. Beltz, Weinheim/Basel, 89–103. Online verfügbar unter http://www.pedocs.de/volltexte/2013/3508/pdf/Neumann_Lehmann_Schreiben_2008.pdf, 09.04.2019

Neumann, M., Schnyder, I., Trautwein, U., Niggli, A., Lüdtke, O., Cathomas, R. (2007): Schulformen als differenzielle Lernmilieus. Institutionelle und kompositionelle Effekte auf die Leitungsentwicklung im Fach Französisch. In: Zeitschrift für Erziehungswissenschaft 10 (3), 399–420

Nitsch, R. (2015): Diagnose von Lernschwierigkeiten im Bereich funktionaler Zusammenhänge. Eine Studie zu typischen Fehlermustern bei Darstellungswechseln. Springer, Wiesbaden

Nold, G., Rossa, H. (2008): Sprechen Englisch. In: DESI-Konsortium (Hrsg.): Unterricht und Kompetenzerwerb in Deutsch und Englisch. Ergebnisse der DESI-Studie. Beltz, Weinheim/Basel, 170–179. Online verfügbar unter http://www.pedocs.de/volltexte/2013/3524/pdf/Nold_Rossa_Sprechen_Englisch_2008.pdf, 09.04.2019

Nold, G., Rossa, H., Chatzivassiliadou, K. (2008): Leseverstehen Englisch. In: DESI-Konsortium (Hrsg.): Unterricht und Kompetenzerwerb in Deutsch und Englisch. Ergebnisse der DESI-Studie. Beltz, Weinheim/Basel, 130–138. Online verfügbar unter http://www.pedocs.de/volltexte/2013/3512/pdf/Nold_Rossa_Chatzivassiliadou_2008.pdf, 09.04.2019

Oettingen, G., Gollwitzer, P. M. (2002): Theorien der modernen Zielpsychologie. In: Frey, D. und Irle, M. (Hrsg.): Theorien der Sozialpsychologie. 2., vollst. überarb. u. erw. Aufl. Hans Huber, Bern (Motivations-, Selbst- und Informationsverarbeitungstheorien, 3), 51–74

Olk, T., Speck, K. (2012): Kooperation von Jugendhilfe und Schule. In: Thole, W. (Hrsg.): Grundriss soziale Arbeit. Ein einführendes Handbuch. 4. Aufl. VS Verlag für Sozialwissenschaften, Wiesbaden, 355–360

Paraire, I. (2017): Kriminell gut lesen Französisch 1.-3. Lernjahr. Fesselnde Kurzkrimis zur Förderung der Lesekompetenz (5. bis 10. Klasse). Auer, Augsburg

Petermann, F., Petermann, U. (2017): Training mit Jugendlichen. Aufbau von Arbeits- und Sozialverhalten. Mit CD-ROM. 10. überarbeitete Aufl. Hogrefe, Göttingen

Petermann, F., Petermann, U., Nitkowski, D. (2016): Emotionstraining in der Schule. Ein Programm zur Förderung der emotionalen Kompetenz. Hogrefe, Göttingen

Petrig, G. A., Baisch-Zimmer, S. (2013): Mentaltraining für Jugendliche. Übungen zur Stärkung der Persönlichkeit zum Einsatz in Schule und Jugendarbeit. Beltz, Basel

Popp, K., Melzer, C., Methner, A. (2017): Förderpläne entwickeln und umsetzen. Mit Arbeitsmaterialien zum Download. 3., überarb. Aufl. Ernst Reinhardt, München/Basel

Prenzel, M., Sälzer, C., Klieme, E., Köller, O. (Hrsg.) (2013): PISA 2012. Fortschritte und Herausforderungen in Deutschland. Waxmann, Münster

Rabenstein, K., Reh, S., Ricken, N., Idel, T. (2018): Funktion und Bedeutung der Schulklasse im individualisierten Unterricht. In: Zeitschrift für Pädagogik (2), 179–197

Reiz, A. K., Zimmermann, J., Hutteman, R., Specht, J., Neyer, F. J. (2014): How Peers Make a Difference: The Role of Peer Groups and Peer Realtionships in Personality Development. In: European Journal of Personality 28 (3), 279–288

Reveland, D., Bastian, J. (2012): Tricky Teens. Ressourcenorientiertes Gruppentraining für Jugendliche mit ADHS. verlag modernes lernen, Dortmund

Rheinberg, F., Krug, S. (Hrsg.). (1999): Motivationsförderung im Schulalltag. 2. Aufl. Hogrefe, Göttingen

Richter, D., Pant, H. A. (2016): Lehrerkooperation in Deutschland. Eine Studie zu kooperativen Arbeitsbeziehungen bei Lehrkräften der Sekundarstufe I. Bertelsmann Stiftung. Online verfügbar unter http://www.bertelsmann-stiftung.de/fileadmin/files/BSt/Publikationen/GrauePublikationen/Studie_IB_Lehrerkooperation_in_Deutschland_2016_final.pdf, 09.04.2019

Riedener-Nussbaum, A., Storch, M. (2018): Ich packs! Selbstmanagement für Jugendliche. Ein Traingsmanual für die Arbeit mit dem Zürcher Ressourcen Modell. 4. Aufl. Hogrefe, Göttingen

Rinner, T. (2017): Überblickswissen Geschichte aktiv erarbeiten 7/8. Grundwissen aufbauen - geschichtliche Zusammenhänge erkennen (7. und 8. Klasse). Auer, Augsburg

Rogelberg, S. G., Leach, D. J., Warr, P. B., Burnfield, J. L. (2006): „Not another Meeting!" Are Meeting Time Demands Related to Employee Well-Being? In: Jounal for Applied Psychology 91 (1), 86 – 96

Roth, G. (2011): Bildung braucht Persönlichkeit. Wie lernen gelingt. Klett-Cotta, Stuttgart

Roth, G. (2010): Möglichkeiten und Grenzen von Wissensvermittlung und Wissenserwerb. In: Caspary, R. (Hrsg.): Lernen und Gehirn. Der Weg zu einer neuen Pädagogik. Herder, Freiburg, 54 – 69

Ryan, R. M., & Deci, E. L. (2017): Self-determination theory: Basic psychological needs in motivation, development, and wellness. Guilford Press, New York, USA

Salas, E., Sims, D. E., Burke, C. S. (2005): Is there a „Big Five" in Teamwork? In: SMALL GROUP RESEARCH 36 (5), 555 – 599.

Salzberg-Ludwig, K., Matthes, G. (2011): Lernförderung im Team. Cornelsen, Berlin

Schalk, C. (2013): Ziele erreichen. Wie persönliche Veränderung wirklich gelingt. Down to Earth, Berlin

Scheffer, D., Heckhausen, H. (2006): Eigenschaftstheorien der Motivation. In: Heckhausen, J., Heckhausen, H. (Hrsg.): Motivation und Handeln. 3. überarbeitete und aktualisierte Aufl. Springer, Heidelberg, 45 – 72

Scheithauer, H., Bull, H. D.(2016): fairplayer.manual. Förderung von sozialen Kompetenzen und Zivilcourage - Prävention von Bullying und Schulgewalt. Vandenhoeck & Ruprecht, Göttingen

Schick, A., Cierpka, M. (2011): Faustlos-Sekundarstufe. Ein Curriculum zur Förderung sozial-emotionaler Kompetenzen und zur Gewaltprävention. Hogrefe, Göttingen

Schmausser, K. (2018): TÜLT. Tübinger Lernmethodik-Training für Kinder und Jugendliche. Learn2Learn GmbH, Krefeld

Scholl, W. (2005): Grundprobleme der Teamarbeit und ihre Bewältigung - Ein Kausalmodell. In: Högl, M., Gemünden, H. G. (Hrsg.): Management von Teams. Theoretische Konzepte und empirische Befunde. 3. Aufl. Gabler, Wiesbaden, 33 – 66

Schrader, F., Helmke, A., Wagner, W., Eichler, W., Thomé, G., Willenberg, H. (2008a): Lernstrategien im Fach Deutsch. In: DESI-Konsortium (Hrsg.): Unterricht und Kompetenzerwerb in Deutsch und Englisch. Ergebnisse der DESI-Studie. Beltz, Weinheim/Basel, 258 – 269. Online verfügbar unter http://www.pedocs.de/volltexte/2013/3519/pdf/Schrader_Helmke_Wagner_Lernstragien_Deutsch_2008.pdf, 09.04.2019

Schrader, F., Helmke, A., Wagner, W., Nold, G., Schröder, K. (2008b): Lernstrategien im Fach Englisch. In: DESI-Konsortium (Hrsg.): Unterricht und Kompetenzerwerb in Deutsch und Englisch. Ergebnisse der DESI-Studie. Beltz, Weinheim/Basel, 270 – 282. Online verfügbar unter http://www.pedocs.de/volltexte/2013/3525/pdf/Schrader_Helmke_Wagner_Lernstragien_Englisch_2008.pdf, 09.04.2019

Schultze-Krumbholz, A., Zagorscak, P., Roosen-Runge, A., Scheithauer, H., (2018): Medienhelden: Unterrichtsmanual zur Förderung der Medienkompetenz und Prävention von Cybermobbing. 2., überarb. Aufl. Ernst Reinhardt, München/Basel

Schuntermann, M. F. (2009): Einführung in die ICF. Grundkurs, Übungen, offene Fragen. 3., überarb. Aufl. ecomed MEDIZIN, Heidelberg/München/Landsberg/Frechen/Hamburg

Schwab, S., Hessels, M. G. P., Abegglen, H. (2017): Interdisziplinäres Teamteaching. In: Zeitschrift für Pädagogik (4), 437–456

Schwanke, S., Schäfer, M. (2013): „Wer ist der Boss?" - Zum Zusammenhang zwischen der sozialen Dynamik im Klassenzimmer und Einstellungen zum Lernen in der Adoleszenz. In: Praxis der Kinderpsychologie und Kinderpsychiatrie 63 (3), 214–232

Schwarzer, P. (2014): Förderheft Mathematik. Sekundarstufe I. Klett, Stuttgart

Schwarzer, R., Jerusalem, M. (2002): Das Konzept der Selbstwirksamkeit. In: Jerusalem, M., Hopf, D. (Hrsg.): Selbstwirksamkeit und Motivationsprozesse in Bildungsinstitutionen Zeitschrift für Pädagogik, 44, Beltz, Weinheim, 28–53

Schweizer, J. (2017): Demokratie und politische Strukturen Deutschlands. kompetenzorientiert, lebensweltbezogen und aktuell unterrichten Klasse 5-10. Auer, Augsburg

Sekretariat der Ständigen Konferenz der Kultusminister der Länder in der Bundesrepublik Deutschland (KMK) (Hrsg.) (2005a): Beschlüsse der Kultusministerkonferenz. Bildungsstandards im Fach Mathematik für den Hauptschulabschluss (Jahrgangsstufe 9). Beschluss vom 15.10.2004. Online verfügbar unter https://www.kmk.org/fileadmin/Dateien/veroeffentlichungen_beschluesse/2004/2004_10_15-Bildungsstandards-Mathe-Haupt.pdf, 09.04.2019

Sekretariat der Ständigen Konferenz der Kultusminister der Länder in der Bundesrepublik Deutschland (KMK) (Hrsg.) (2005b): Beschlüsse der Kultusministerkonferenz. Bildungsstandards im Fach Deutsch für den Hauptschulabschluss (Jahrgangsstufe 9). Beschluss vom 15.10.2004. Online verfügbar unter https://www.kmk.org/fileadmin/Dateien/veroeffentlichungen_beschluesse/2004/2004_10_15-Bildungsstandards-Deutsch-Haupt.pdf, 09.04.2019

Sekretariat der Ständigen Konferenz der Kultusminister der Länder in der Bundesrepublik Deutschland (KMK) (Hrsg.) (2005c): Beschlüsse der Kultusministerkonferenz. Bildungsstandards für die erste Fremdsprache (Englisch/Französisch) für den Hauptschulabschluss (Jahrgangsstufe 9). Online verfügbar unter https://www.kmk.org/fileadmin/Dateien/veroeffentlichungen_beschluesse/2004/2004_10_15-Bildungsstandards-ersteFS-Haupt.pdf, 09.04.2019

Senatsverwaltung für Bildung, Jugend und Familie (SenBJF), Ministerium für Bildung, Jugend und Sport des Landes Brandenburg (MBJS) (Hrsg.) (2015a): Teil B Fachübergreifende Kompetenzentwicklung. Online verfügbar unter https://bildungsserver.berlin-brandenburg.de/fileadmin/bbb/unterricht/rahmenlehrplaene/Rahmenlehrplanprojekt/amtliche_Fassung/Teil_B_2015_11_10_WEB.pdf, 09.04.2019

Senatsverwaltung für Bildung, Jugend und Familie (SenBJF), Ministerium für Bildung, Jugend und Sport des Landes Brandenburg (MBJS) (Hrsg.) (2015b): Teil C Deutsch. Jahrgangsstufen 1-10. Online verfügbar unter https://bildungsserver.berlin-brandenburg.de/fileadmin/bbb/unterricht/rahmenlehrplaene/Rahmenlehrplanprojekt/amtliche_Fassung/Teil_C_Deutsch_2015_11_10_WEB.pdf, 09.04.2019

Senatsverwaltung für Bildung, Jugend und Familie (SenBJF), Ministerium für Bildung, Jugend und Sport des Landes Brandenburg (MBJS) (Hrsg.) (2015c): Teil C Mathematik. Jahrgangsstufen 1-10. Online verfügbar unter https://bildungsserver.berlin-brandenburg.de/fileadmin/bbb/unterricht/rahmenlehrplaene/Rahmenlehrplanprojekt/amtliche_Fassung/Teil_C_Mathematik_2015_11_10_WEB.pdf, 09.04.2019

Senatsverwaltung für Bildung, Jugend und Familie (SenBJF), Ministerium für Bildung, Jugend und Sport des Landes Brandenburg (MBJS) (Hrsg.) (2015d): Teil C Moderne Fremdsprachen. Jahrgangsstufen 1-10. Online verfügbar unter https://bildungsserver.berlin-brandenburg.de/fileadmin/bbb/unterricht/rahmenlehrplaene/Rahmenlehrplanprojekt/amtliche_Fassung/Teil_C_Mod_Fremdsprachen_2015_11_16_web.pdf, 09.04.2019

Shogren, Karrie A., Wehmeyer, Michael L. (2015): Inklusion von Schülerinnen und Schülern mit intellektueller Beeinträchtigung und Autismus in der Sekundarstufe. In: Biewer, G., Böhm, E. T., Schütz, S. (Hrsg.): Inklusive Pädagogik in der Sekundarstufe. Kohlhammer, Stuttgart, 113–131

Souvignier, E., Küppers, J., Gold, A. (2003): Lesestrategien im Unterricht: Einführung eines Programms zur Förderung des Textverstehens in 5. Klassen. In: Unterrichtswissenschaft 31 (2), 166–183

Spinath, B. (2011): Lernmotivation. In: Reinders, H., Ditton, H., Gräsel, C., Gniewosz, B. (Hrsg.): Empirische Bildungsforschung. Gegenstandsbereiche. VS Verlag für Sozialwissenschaften, Wiesbaden, 45–55

Spitzer, M. (2010): Medizin für die Schule. Plädoyer für eine evidenzbasierte Pädagogik. In: Caspary, R. (Hrsg.): Lernen und Gehirn. Der Weg zu einer neuen Pädagogik. Herder, Freiburg, 23–35

Stähling, R., Wenders, B. (2015): Teambuch Inklusion: Ein Praxisbuch für multiprofessionelle Teams (Basiswissen Grundschule). Schneider, Hohengehren-Baltmannsweiler

Stange, W., Krüger, R., Henschel, A., Schmitt, C. (Hrsg.) (2012): Erziehungs- und Bildungspartnerschaften. Grundlagen und Strukturen der Elternarbeit. VS Verlag für Sozialwissenschaften, Wiesbaden

Stein, M. (2015): Fantasiereisen für Schüler. Entspannungsangebote für die Sek I. 2. Aufl. Vandenhoeck & Ruprecht, Göttingen

Steinebach, C., Gharabaghi, K. (Hrsg.) (2013): Resilienzförderung im Jugendalter. Praxis und Perspektiven. Springer, Berlin/Hamburg

Steinebach, C., Schrenk, A., Steinebach, U., Brendtro, L. K. (2018): Positive Peer Culture. Ein Manual für starke Gruppengespräche. Beltz, Weinheim/Basel

Stern, E. (2010): Wie viel Hirn braucht die Schule? Chancen und Grenzen einer neuropsychologischen Lehr-Lernforschung. In: Caspary, R. (Hrsg.): Lernen und Gehirn. Der Weg zu einer neuen Pädagogik. Herder, Freiburg, 128 – 141

Storch, M. (2009): Motto-Ziele, S.M.A.R.T.-Ziele und Motivation. In: Birgmeier, B. (Hrsg.): Coachingwissen. Denn sie wissen nicht, was sie tun? Wiesbaden: VS Verlag für Sozialwissenschaften, 183 – 205. Online verfügbar unter https://www.researchgate.net/profile/Maja_Storch/publication/242574964_Motto-Ziele_SMART-Ziele_und_Motivation/links/55f3d02d08ae6a34f6607e9c.pdf, 09.04.2019

Storz, R. (2018): Mathematik kompetenzorientiert unterrichten. Kommunizieren, Argumentieren und Modellieren / Erprobte Praxis und fundierte Theorie verbinden. Aulis, Velber

Strauf, H. (2015): Mediensucht. Abhängigkeiten von digitalen Medien erkennen und vorbeugen (5.-10. Klasse). Persen, Hamburg

Suthers, D. D., Hundhausen, C. D. (2003): An Experimental Study of the Effects of Representational Guidance on Collaborative Learning Processes. In: The Journal of the Learning Sciences 12 (2), 183 – 218

Svantesson, I. (2012): Mind Mapping und Gedächtnistraining. Übersichtlich strukturieren. Kreativ arbeiten. Sich mehr merken. 10. Aufl. Gabal, Offenbach

Szczesny, M., Watermann, R. (2011): Differenzielle Einflüsse von Familie und Schulform auf Leseleistung und soziale Kompetenzen. In: Journal for educational research online 3 (1), 168 – 193

Thömmes, A. (2017): Gemeinsam sind wir stark! Spiele zur Förderung der Klassengemeinschaft in der Sek I. Verlag an der Ruhr, Mühlheim

Trautmann, H., Trautmann, T. (2018): 50 Unterrichtsspiele zur Kommunikationsförderung. Lerninhalte festigen durch Bewegung, Sprache und Darstellung. Auer, Augsburg

Tully, C. J. (2007): Jugendliche Lebenswelten als informelle Lernwelten - Überlegungen zur Bildungsqualität im außerschulischen Bereich. In: Zeitschrift für Soziologie der Erziehung und Sozialisation 27 (4), 402 – 417

Unruh, T. (2017): Mein Methoden-Portfolio: Selbständig lernen, Klasse 7-10. Kopiervorlagen. 5. Aufl. Persen, Hamburg

Vester, F. (1994): Denken, Lernen, Vergessen. Deutsche Verlagsanstalt, Stuttgart

Vierhaus, M., Wendt, E.-V. (2018): Sozialbeziehungen zu Gleichaltrigen. In: Lohaus, A. (Hrsg.): Entwicklungspsychologie des Jugendalters. Springer, Berlin 139 – 167

Voß, S., Blumenthal, Y., Sikora, S., Mahlau, K., Diehl, K., Hartke, B. (2014): Rügener Inklusionsmodell (RIM) - Effekte eines Beschulungsansatzes nach dem Response to Intervention-Ansatz auf die Rechen- und Leseleistungen von Grundschulkindern. In: Empirische Sonderpädagogik 6 (2), 114 – 132

Wagner, W., Helmke, A., Schrader, F.-W., Eichler, W., Thomé, G., Willenberg, H. (2008): Selbstkonzept und Motivation im Fach Deutsch. In: DESI-Konsortium (Hrsg.): Unterricht und Kompetenzerwerb in Deutsch und Englisch. Beltz, Weinheim/Basel, 231 –

243. Online verfügbar unter http://www.pedocs.de/volltexte/2013/3517/pdf/Wagner_Helmke_Schrader_Selbstkonzept_Motivation_2008.pdf, 09.04.2019

Walper, S., Lux, U., Witte, S. (2018): Sozialbeziehungen zur Herkunftsfamilie. In: Lohaus, A. (Hrsg.): Entwicklungspsychologie des Jugendalters. Springer, Berlin, 113–138

Weber, A. (2016a): Förderkrimis für den Deutschunterricht Klassen 5-7. Dreifach differenzierte Texte und Aufgaben mit einfachster Niveaustufe als Comic. 2. Aufl. Auer, Augsburg

Weber, A. (2016b): Packende Geschichten für Lesemuffel. Lesetraining mit lebensnahen Texten und Arbeitsblättern für den Deutschunterricht. Klassen 7-10. Mit Kopiervorlagen. Auer, Augsburg

Wilbert, J. (2010): Förderung der Lernmotivation bei Lernstörungen. Kohlhammer, Stuttgart

Wisniewski, B. (2016): Psychologie der Lehrerbildung. Utb, Bad Heilbrunn

Wygotski, L. S. (1993): Denken und Sprechen. Fischer, Frankfurt a. M.

Zahn, C. (2009): Gestaltendes Lernen. „Learning by design" im Schulunterricht? In: Log In 29 (156), 27–35

Zahn, C., Krauskopf, K., Hesse, F. W., Pea, R. (2012): How to improve collaborative learning with video tools in the classroom? Social vs. cognitive guidance for student teams. In: International Journal of Computer-Supported Collaborative Learning 7 (2), 259–284

Zahn, C., Pea, R., Hesse, F. W., Rosen, J. (2010): Comparing Simple and Advanced Video Tools as Supports for Complex Collaborative Design Processes. In: The Journal of the Learning Sciences 19 (3), 403–440

Zander, L., Kreutzmann, M., Hannover, B. (2017): Peerbeziehungen im Klassenzimmer. In: Zeitschrift für Erziehungswissenschaft 20 (3), 353–386

Sachverzeichnis